教育如歌

小学语文课程生活化探索与实践

王红梅／著

中国出版集团　现代出版社

图书在版编目（CIP）数据

教育如歌：小学语文课程生活化探索与实践 / 王红梅著. — 北京：现代出版社，2021.8

ISBN 978-7-5143-9423-8

Ⅰ. ①教… Ⅱ. ①王… Ⅲ. ①小学语文课—教学研究 Ⅳ. ①G623.202

中国版本图书馆CIP数据核字（2021）第173731号

教育如歌：小学语文课程生活化探索与实践

作　　者　王红梅
责任编辑　张桂玲
出版发行　现代出版社
地　　址　北京市安定门外安华里504号
邮政编码　100011
电　　话　010-64267325　64245264
网　　址　www.1980xd.com
电子邮箱　xiandai@cnpitc.com.cn
印　　制　北京政采印刷服务有限公司
开　　本　710mm × 1000mm　1/16
印　　张　13.25
字　　数　212千字
版　　次　2021年8月第1版　　2021年8月第1次印刷
书　　号　ISBN 978-7-5143-9423-8
定　　价　45.00元

目 录

CONTENTS

上篇 教学案例 · 成果展示

中篇　阅读习作·实践生活

下篇　花儿趣事·悦谈习惯

上篇

教学案例·成果展示

站在儿童视角的连接词言语训练

——以二年级上册《雾在哪里》教学为例

《雾在哪里》是统编教材二年级上册第七单元“想象”主题的一篇童话故事，作者用优美的语言、拟人化的手法，塑造了一个又淘气又顽皮的孩子形象，将自然现象“雾”描述成孩子们喜欢的捉迷藏活动，充满童趣的想象很受学生喜欢。

对于这样一篇文章，多数教师在备课考虑语文要素时，通常都会由单元要素“想象”和学段要素“识字写字、理解词语”等入手来定位自己的教学目标。我们备课组经过反复阅读文本，重新审视各个语文要素的排列分布，发现了一条以往我们都不曾重视的词语线索——“于是、连同、无论……都……、甚至”，这是生活中常用的一些连接词，也就是语法上所说的连词。它们单个拿出来没有实际意义，不像动词、形容词那样标志明显，不容易被学生发现、模仿并主动积累。这类词语只在实词、短语和句子中起连接作用时逐步展现，用法只能伴随具体语句的学习深入一点一滴地积累。基于这些认识，我们认为不能仅仅只是围绕明确的单元语文要素和体现单课语文要素的课后题来设计教学，应当着眼于学生语言能力的发展，借助这些连接词扎扎实实进行语言训练。因此，我们将本课的语文要素训练目标定位如下。

（1）随文识字，识写结合，以“岸”“屋”为例指导写好带有撇画的生字。

（2）通过想象，感受人物心情，朗读好雾说话时的语气。

（3）认识“于是”“连同”“无论……都……”“甚至”等连接词，通过说话训练初步感受其用法。

下面谈谈如何结合课堂教学的具体步骤落实这些语文要素训练。

一、课前猜谜，生活入境

师（出示“雨”“雪”“霜”的谜面）：听说同学们非常善于动脑猜谜，看看这些谜语你能猜出来吗?

师（出示谜底及图案）：大家看这些表示名称的字，你有什么发现?你还知道哪些字带有雨字头？可能和什么有关系？（雨）还可能和什么有关系？（水、水汽）一个雨字头可以让我们联想到这么多内容!

师：只有留心观察生活的孩子才会见到霜哟。你在哪里见过霜？你见过的雾是什么样?

师：咦，我见过的雾怎么跟你们不一样呢？（做夸张状）他穿着一身帅气的白色衣服，眨巴着一对机灵的小眼睛，背着一个神秘的大袋子，在世界的各个角落飞来飞去，也不知道忙着干什么。现在不知道又飞到哪里去了，快来一起问问他——（指读课题）怎么才能读出问的语气?

【设计意图】上课伊始，联系学生已有生活实际，交流各自的识字经验，通过一个字拓展到一类字，引导学生注意观察生活。新课再创情境，紧扣单元主题“想象”，在学生的好奇心中拉开序幕，符合低年级学生学习新知的特点。

二、扶放结合，随文识“雾”

师：你想认识这样的雾吗？快打开课本，亮开嗓子读读课文吧，不认识的生字多拼读几遍拼音，给每个自然段标上序号。

1. 师：故事你已经读完了，现在，你觉得雾是什么样的?

读了故事，你还有什么问题想问吗?

预设：雾去哪里了？怎么消失的?

师：是啊，我也很想知道这些答案呢。你瞧瞧这雾，一会儿跑这儿，一会儿跑那儿，也不知道消失到哪里去了。所以，我们的作者在故事一开头，就用了这样一句话来形容他。谁能读这句话?

出示句子：从前有一片雾，他是个淘气的孩子。

师（通过评价引导读好“淘气”）：一起来读一读吧。怎么记住“淘”的样子呢?

师：你身边有淘气的孩子吗？不要说他的名字，说说他干过什么淘气的事情吧。（指名讲述）原来，我们身边就有这样淘气的孩子呀！（板书：淘气）

2. 师：故事里的雾孩子做了什么淘气的事情呢？（自由交流）

师：你能把这些词语填到句子里去吗？

大海　海岸　城市　天空连同太阳　自己

雾是个又淘气又顽皮的孩子。他飞到海上，把（　　）（　　）藏了起来。他来到岸边，把（　　）和（　　）藏了起来。最后，他把（　　）藏了起来。

师：先自己读一遍词语，再读读填完整的句子。（指读交流）

【设计意图】根据课文内容将词语置入句子中，既是词语复现的识字过程，也是引导学生梳理文章大概内容的过程。

师（出示生字“岸”）：你来想个好办法记住它的样子吧。（自由交流）

师（课件出示金文“岸”）：同学们请看，古代的“岸”字是这样写的，它表示的就是水边高处的陆地。

师：怎样写才美观呢？（学生自由交流，出示口诀：斜起笔，行笔慢。弧度大，尾巴尖）请同学们扬起小手跟老师书空一遍，再自己写一个，同桌间评一评谁写的笔画更加到位。

【设计意图】写字指导需要培养学生的读帖能力，此处学会抓住主要笔画，指导学生细致观察。本课带有撇画的字特别多，其中“岸”“屋”都包含有细微区别的主笔“丿”，字的外轮廓都是上紧下松。此处识记观察“岸”，与后面环节写“屋”字相呼应，达到反复比较、提高能力的目的。

3. 师：这一天，雾孩子又到处飞来飞去了。

出示句子：我要把大海藏起来。

师：这是谁对谁说的话呢？对，这就叫“自言自语”。请你来自言自语地说一遍。想一想，怎么说才是“淘气地说”呢？（指名读）

【设计意图】本课所在单元的语文要素是“展开想象，获得初步的情感体验”，课后练习题具体呈现为“朗读课文，读好雾说话时的语气”。引导学生体会人物心情进行朗读，应成为贯穿课堂始终的学习活动。

师：他这么做了吗？（出示：他把大海藏了起来）他这样想的、这样说的，也真的这么行动了，就用一个词“于是”连接起来。（抽读字卡：于是）

师：我们把两句话连起来读一读：“我要把大海藏起来。”于是，他把大海藏了起来。

师：现在海上什么样了？（指读）

无论是海水、船只，还是蓝色的远方，都看不见了。（根据学生重读“都看不见了”“无论……都……”谈感受，鼓励学生读出不一样的语气）

师：海上除了海水、船只，还会有什么呢？（出示海景图：引导学生说出“白白的帆船、飞翔的海鸥、远方的小岛”等形式的短语）雾把这些都藏了起来，你会用这样的句子来说一说吗？

出示练习：无论是________，还是________，都看不见了。

【设计意图】学习语言是语文课的根本任务。在品味语言的基础上创设情境，调动学生的多种感官参与到说话练习中，由学到用，习得“无论……都……”这种表达方式，并且运用这种形式把句子内容说具体，使言语表达得到有效的拓展训练。

师：如果你是雾，把大海藏起来你会觉得怎么样？（预设：得意、骄傲、自豪）

4. 师：瞧，他得意地藏第二次了。他会怎么说？

出示句子：现在，我要把天空连同太阳一起藏起来。

师：想一想，与雾孩子第一次说的话相比，这两句话有什么地方不一样？

预设发现一：现在。

师：对呀，藏起了大海是刚才的事，准备做了就用了“现在”。

预设发现二：天空连同太阳。

师：他为什么不说我要把天空藏起来、我要把太阳藏起来呢？（太阳在天空中，太阳在天空就在）来，那就把天空连同太阳一起藏起来吧。（读句子）

师（引读）：霎时，四周变暗了。无论是天空，还是天空中的太阳，都看不见了。

【设计意图】汉语之妙往往在于可意会却不可言传，由“和”到“连同”

的理解，引导学生初步感受同是表示并列的连接词，但用法却有区别的微妙之处。

三、合作读文，自主探究

1. 师：接下来，雾又到了哪里，藏了什么呢？请同桌合作，朗读课文第5～10自然段，想象淘气的雾孩子是怎么藏物体的，读出他说话时的语气。

2. 师：同桌互相交换一下自己的看法吧。

四、紧扣连接词，理解中表达

1. 师：刚才大家读的段落里有个长句子不好读，谁能读好它？

房屋、街道、树木、桥梁，甚至行人和小黑猫，雾把一切都藏了起来，什么都看不见了。

（1）抽读词卡：房屋、街道、桥梁。

师：还可以有哪些新方法来记住它们？用你自己的方法来记住它们的样子。

师（出示儿歌口诀）：想一想为什么这么说？

土堆连土堆，行人走两边。（街）

用刀伐木，搭桥过水。（梁）

【设计意图】引导学生自创儿歌识记，使抽象的汉字变得生动、形象，有利于增强记忆。依据汉字的表意特点和构形规律，运用汉字形与义的关系进行识记，初步领略汉字内在的意蕴。

（2）师（学写生字“屋”）：同学们请仔细观察，“屋”字的一撇和“岸”字的一撇有什么相同之处？又有什么不同呢？（自由发言交流）

出示口诀：斜起笔，行笔慢。弧度大，尾巴尖。（书空，临写）

师：像这样带有撇画的字课文里还有许多。（出示：论、久、散、步、消）

师：看，每一个字中的撇画形状各不相同，我们写的时候观察好形状、长短、角度、占格就一定能写漂亮。

（3）出示词语思考：

房屋　街道　树木　桥梁

行人　小黑猫

师：第一行词语和第二行词语有什么不同呢？（行人和小黑猫会动）是啊，不会动的能藏起来，把会动的物体也藏起来就显得雾孩子更厉害了！所以，用“甚至”这个词来连接“行人”和“小黑猫”。

出示：枝头的石榴开心地笑了，有的笑得张着大嘴，有的甚至笑破了肚皮。

师：“笑得张着大嘴”笑得厉害，还是“笑破了肚皮”笑得厉害？所以，用“甚至”来连接“笑破了肚皮”，强调这样笑得更厉害。

填空练习：说说自己选择的理由。

狐狸　兔子　威武的大老虎　猴子

森林里的________、________、________，甚至________都被这奇怪的声音吓跑了。

【设计意图】“甚至”在本课仅仅是要求认识，并不是书写和理解的重点。在《现代汉语词典》中，“甚至”解释为“强调突出的事例”，表示进一步的意思。用语言给孩子讲不容易解释清楚，甚至越解释意义越模糊，但它又是生活中的常用词。语言文字学习应当始终为生活服务，因此设计此环节，结合具体的语境帮助学生理解并模仿运用。

2. 师：一切都藏起来了，现在只剩下什么了？到处都是什么样子？（出示词语积累：漫天大雾、朦朦胧胧、白雾茫茫、飘来飘去）

师：于是，雾孩子只能问自己——

“现在，我该把谁藏起来呢？”

“我要把自己藏起来。”

不久，大海连同船只和远方，天空连同太阳，海岸连同城市，街道连同房屋和桥梁，都露出来了。路上走着行人，小黑猫也出现了，它摇着尾巴，悠闲地散步。

师：是啊，雾不过就是常见的一种自然现象而已，连小黑猫都仍旧悠闲地散步并不害怕。作者却给我们讲了一个这么神奇独特的故事，在他眼里，雾就是一个——（再读）淘气的孩子。

由本课教材能清晰地看到，统编教材的编写内容主题与语文素养双线并行，由浅入深，梯度进行，极其注重语文知识与语文能力的落实。有了这样的认识，我们工作室成员在几番解读文本后达成共识：教学设计既要兼顾各位名家对教材的解读和实施建议，也应有我们自己基于掌握学生语言发展现状的个性解读。无论哪一种，都是为促进学生语文能力的养成服务。于是我们将对本课连接词的认识转化为有的放矢的语言训练活动，通过几组连接词次第出现，进行多种形式的说话练习，贯穿于整节课的想象活动中，经过试教、修改，最终形成此教学设计，并由我在淄博市生态课堂研讨活动中执教示范课，受到与会教师的一致好评。由此可见，以连接词教学为主线在《雾在哪里》一课中是行之有效的。

上课场景

［该课例送教淄博市博山区中心路小学，此文发表于《七彩语文（教师论坛）》］

品意象之美，悟送别情深

——以《送元二使安西》为例的送别诗教学

课例展示

一、教材分析

《送元二使安西》是统编教材五年级下册的古诗教学内容。在这之前，学生已接触过多篇送别诗，分别是一年级下册“园地积累”《赠汪伦》、二年级下册“园地积累”《赋得古原草送别》和课文《晓出净慈寺送林子方》、四年级上册“园地积累”《别董大》、四年级下册课文《芙蓉楼送辛渐》、五年级下册“园地积累”《黄鹤楼送孟浩然之广陵》，随之就是《送元二使安西》。

二、文本品读与设计思路

《黄鹤楼送孟浩然之广陵》与《送元二使安西》同属于五年级下册相

邻两单元的学习内容，都是千古传诵、脍炙人口的送别诗，既有“西出阳关无故人”的苍凉悲壮式惜别，也有“烟花三月下扬州”的心驰神往式惜别。重要的是，两位作者同属开元盛世之时，作品不仅表达了送别好友时依依惜别的深情，更表现了典型的盛唐气象。首先，两首诗的意境都非常宽广，顺流下扬州的滔滔江水与天际孤舟、驰马出阳关的茫茫塞外与古都渭城，都是那么辽阔悠远。其次，用词上都色彩亮丽，烟花三月、碧空白帆、柳色青青，让人生出无限遐想。最后，诗句尾字的“楼”“州”“流”和“尘”“新”“人”，都是那么韵脚悠扬。诗中到处充满了深挚的友情，而句中又不着“友情”字眼，都巧妙地融在自然景物与人物言行的描写之中，恰恰“只眼前景、口头语而有弦外音”，“含吐不露而为贵”。

基于此，我将教学目标定位于保持诗的完整存在，摒弃逐字逐句的诗意讲解，初步认知送别诗常用景物“柳”“水”“舟”，诵读中体会诗人情感，品味意象之美，激发学生对唐代送别诗和李白送别诗进行主动探究的兴趣，引导学生多种方法学诗词，促进学生活用诗词习惯的养成。

三、教学过程设计

（一）学以致用，回顾学法，自学新知

师：同学们都背诵了许多古诗，那你会“用古诗”吗？（出示几组图片）面对此时此景，你能想到用哪一句古诗来描述？

春雨图：夜来风雨声，花落知多少；好雨知时节，当春乃发生……

明月图：举头望明月，低头思故乡；明月几时有，把酒问青天……

春景图：碧玉妆成一树高，万条垂下绿丝绦；春江水暖鸭先知；黄四娘家花满蹊……

【设计意图】由背古诗入手，进而引导学生在合适的场景运用古诗句，甚至可以化用、改用诗句，从而让学生明了：背古诗不只是为了背，而是学以致用，更重要的是感受中国传统诗词的魅力。

师：同学们，我们学过这么多古诗，你在学习古诗上有什么好方法吗？

学生自由交流后，教师归纳：反复诵读、想象画面、看注释、联系生活实际、看插图……

师：现在，请你用自己掌握的方法，自学《黄鹤楼送孟浩然之广陵》《送元二使安西》两首古诗，同桌可以互相帮助。

（二）交流自学所得，掌控学情，巩固习惯

师：谁来读给大家听？注意通过停顿读出节奏。（指名读，引导学生借助注释理解题目“送元二/使安西”的停顿处）

师（点评学生诵读的节奏）：古诗有它独特的声律和悠扬的韵脚，所以读起来是那么朗朗上口。

师：题目中的“广陵”是哪里呢？如果你能联系下文，就知道正文中已经告诉我们答案了。（扬州——烟花三月下扬州）

师：那么，你知道元二吗？你看，我们以前背诵过《问刘十九》《别董大》《早春呈水部张十八员外》，你从这些题目中发现了什么？（预设：都是姓和数字）对，董大姓董，排行老大；刘十九姓刘，在家族中排行第十九。原来，古人有好朋友之间用排行代替名字的习惯。那么，元二并不是他的真名字，只是因为他姓元，排行老二。

师：你能找到这两首诗有什么共同之处吗？（预设：送别的人、送别的地点、送别的原因、去哪里）

师：这两首诗都是送别诗（板书：送别诗）。送别诗在古代非常流行。知道为什么吗？你与朋友不在同一地方，是如何联系呢？（电话、即时聊天工具、邮箱）现在科技发达了，朋友即便远在天边，有了这些通信工具，也能穿越空间的阻隔，如在眼前。可是在几千年前的古代，因为当时交通、通信都不发达，很多诗人在与朋友分别的时候都会赋诗一首，来纪念这难舍的时刻，表达离别之情。

（三）精读《送元二使安西》，以学定教，初探意象之美

师：大家看，都是送别诗，在描写上也有很多相似之处，但诗人在表达离别的情感时又各有不同，我们先来看《送元二使安西》。

1. 指名朗读。订正节奏及划分方法，感受声律。

2. 诗中哪一句最能表现出朋友之间依依不舍的情怀呢？

他们在饮酒话别，喝了几杯酒呢？（学看注释“更”）

3. 想象一下，王维斟满酒举起杯，会对元二说什么？

师：是啊，就要分别了，千句叮咛万句嘱咐都化作了一句“劝君更尽一杯酒，西出阳关无故人”。

师：对呀，再喝一杯吧，出了阳关你就看不到老朋友我了！

师：这一个“更”字，让我们仿佛看到他俩一杯接着一杯，杯杯都是

不舍情！（齐诵）

师：如果你了解古诗背后的故事和当时的历史背景，你会对这分别之情有更深的体会。

出示资料：唐代安西都护府，在现在的新疆库车地区，辖区距唐朝都城长安6000余里。

师：你猜一猜，在古代6000多里地得走多长时间？

师：元二从长安出发，王维一送就从长安送到了渭城，送出了60余里地，这在古代就是整整一天的路程。你从这一送中体会到了什么？

师：从渭城到阳关要走3000多里，所以王维才斟满酒杯对元二说“劝君更尽一杯酒，西出阳关无故人”；出阳关再到安西还有3000多里，而且都是沙漠、戈壁、荒滩，别说故人，连人影都很难看见，所以，王维才会再斟满酒杯对元二说“劝君更尽一杯酒，西出阳关无故人”。

师：送君千里终须一别，就相别于渭城吧。让我们与王维一起，再次诵起这首诗为元二送别吧。（配乐：《阳关三叠》）齐读全诗。

【设计意图】通过补充历史背景资料，体会盛唐疆域辽阔，朋友相见不易更显分别之难，同时让学生明白，查找诗人及社会背景也是学古诗的重要方法。

师：同学们，诗人对朋友的不舍，对朋友的深情，不仅仅在他举杯时说的话里，其实早就藏在前两行描写景色的诗句里了。你能发现藏在哪一种景物里吗？（自读，寻找，交流）

板书“柳”。释义：在古代，柳同“留”，寄托了人们希望亲友留下来的美好愿望；同时，柳又是最容易存活的植物，正如俗话说“无心插柳柳成荫”，大概是希望远行的朋友到哪里都能像柳树一样，四海为家，随遇而安。所以，柳树就成了古代的送别树。（板书：柳、留）

师：柳作为送别的景物在很多送别诗中都出现过，我们一起看这两首诗。（出示古诗）看，明媚的春柳图里隐藏了送别人多么绵长的不舍情啊！体会“柳”之意象。

劳劳亭

［唐］李白

天下伤心处，劳劳送客亭。

春风知别苦，不遣柳条青。

送　别

［唐］王之涣

杨柳东风树，青青夹御河。

近来攀折苦，应为别离多。

师：王维借“柳”寄托了自己的情感。我们再来看看李白送别孟浩然，诗中哪一句最能体现李白的情感呢？你能想象出当时的场面吗？（借助插图想象当时分别的情景）是啊，李白站在江边目送孟浩然远去，有对朋友的不舍，还有对烟花三月的扬州的向往，这与王维送别元二的不舍是不一样的。

师：在这一句里，你觉得又是哪一种景物最能代表李白和孟浩然的友情呢？（学生自由交流，陈述自己的理由）

师：“唯见长江天际流。”长江之水滚滚东去，恰如李白对孟浩然之情谊深深、思念绵长。所以，源源不断的长江水寄托着诗人的离愁，藏着友谊绵长。

师：我们再读读李白的另一首送别诗《赠汪伦》，这里面的水象征了什么？“桃花潭水深千尺，不及汪伦送我情”：情谊深深。

师：古代的诗人在表达自己情谊时可真是高手，短短28个字就让我们感受到了每一处景物都在诉说诗人的感情，怪不得说古诗里面“一切景语皆情语”。（小结时板书：景、情）眼前景都是诗人心中情啊！

师：当你回过头来再看李白这两首诗时，有没有发现里面有一种相同的景物，只是名称不同（帆、舟）。“孤帆远影碧空尽”的“帆”代表的是谁？“乘舟将欲行”的又是谁？

师：同学们，仔细回想我们背诵的诗篇，你会发现在很多古诗当中都有船、孤帆、小舟，这些往往代表了出门在外的人，也是一种代表离别的景

物。就如——（出示诗句朗读）

*姑苏城外寒山寺，夜半钟声到**客船**。
*两岸青山相对出，**孤帆**一片日边来。
*客路青山外，**行舟**绿水前。

师：中国的古诗文化博大精深，送别诗中，诗人们不仅借景物来表达离愁别绪，也会借助离别的地点、与送别有关的事物来抒发自己的情感。希望大家在以后的阅读中仔细寻找，多多发现。

【设计意图】此环节设计使抽象的送别意象化身为具体的物象，让学生感受古诗意象之美，渗透传承“诗以言志”的文化精髓。

四、补充送别组诗：《依依满别情》，激发探究愿望

1. 师：你对“依依满别情”这个题目有什么理解？

2. 师：请你快速浏览所有的题目、作者、朝代，又有什么发现？（预设：唐代送别诗格外多，李白的送别诗特别多）如果你想知道答案，你应该怎么做？课后请同学们继续探究古诗背后的故事，诵读积累更多的经典作品。

【设计意图】此环节设计是为了引起学生的好奇心，激发主动探究的欲望，使课内学习向课外延伸，进而发现唐代诗歌的典型人物和典型作品，了解盛唐气象，增强民族文化认同和自豪感。

【教学感悟】

这两首作品同属于课标“优秀诗文推荐篇目”中的低学段内容，在大力倡导学习优秀中华传统文化的当下，大多数学生早已熟读成诵了。面对学生早已接触过的文本，如果再从初读正音开始无异于“吃嚼过的甘蔗”。本课教学，我主要尝试舍弃逐字逐句的讲解，让学生自我总结已掌握的古诗学习方法，进行自学，充分发挥学生的主动性。

从图片导入的谈话环节开始，就给学生渗透了浓浓的“用诗文”的意识，引导学生不是单纯的为背诵而背诵，生活中处处可以学语文、用语文，创设语境化用与改编诗句更是将积累直接指向习作表达。

小学阶段的古诗词教学要充分考虑学生的言语解读习惯和言语思维方

式，依据以往的教学经验，关注题目“送元二/使安西”的停顿处这一难点，并随之重温了“课标推荐古诗”中的几首古诗，引导学生从题目中发现以排行代名的规律，与生活相关联。

古诗词教学更要尊重学生的生活积累、人文积淀和文化底蕴。送别诗不仅仅是简单的送别情，更是盛唐气象的体现。小学中年段的学生理解以及感悟送别之情，难度还是存在的。因此，教学中适时补充引入关于唐朝及安西的地理资料，引导学生结合自己的生活经验对比体会其路途遥远与艰难，感悟依依惜别之深情自然水到渠成。

接下来，摒弃逐句讲解的环节，引导学生借助注释、插图和想象，感受古诗意象之美，在诵读中认识送别的常见意象“柳”“舟”，感受隐喻友情的形形色色的“水”，让抽象的意象变成具体的事物形象。正如王崧舟老师所说，教诗的最好途径就是不教诗，让诗凭着自己的言语存在说话。

在本课结束时，我还给学生留了“为何唐代送别诗格外多”和“为何李白送别诗特别多”两个悬念，将课内学习延伸到课外。当学生开始为此探究时，那宏大的盛唐气象就必然如一幅绮丽的画卷，在学生的人生中铺展开来。

多情自古伤别离，离愁恰似远行舟

——以《黄鹤楼送孟浩然之广陵》为例谈古诗教学的基本流程

古诗教学一直以来都是语文教学的难点。它是否有章可循呢？下面，我结合自己执教的《黄鹤楼送孟浩然之广陵》一课，谈谈对古诗教学基本流程的几点思考。

一、文本细细读，学情把握准

（一）文本细细读

诗歌类别：送别诗。

写作背景：本诗写了李白与孟浩然的交往。在李白刚出四川不久，正值年轻快意，他眼里的世界像黄金一般美好，而孟浩然此时已诗名天下。他给李白的印象是陶醉在山水之间，自由而愉快，所以李白在《赠孟浩然》诗中说："吾爱孟夫子，风流天下闻。红颜弃轩冕，白首卧松云。"这次离别发生在烟花三月，李白心里没有什么忧伤，相反，他认为孟浩然这趟旅行快乐得很。

写作特点：寓离情于写景。首句点出送别地点：一代名胜黄鹤楼；二句写送别时间与去向："烟花三月"的春色和"东南形胜"的扬州；三、四句写送别场景：目送孤帆远去，只留一江春水。

语言秘妙：本诗不同于王勃《送杜少府之任蜀川》那种少年刚肠的离别，也不同于王维《渭城曲》那种深情体贴的离别。它表现的是一种充满诗意的离别，这种诗意巧妙地表现在"孤帆"的意象和"唯见"的情境之中。正所谓"黯然销魂者，唯别而已矣"。

（二）学情把握准

小学三年级的学生已经接触过送别诗，如《赠汪伦》《别董大》等。

学生能够借助注释、插图读懂古诗，也初步掌握了古诗朗读的一些简单技巧。

【设计意图】古诗看似明白如话，可是具体到每个字词的品析、写作手法、古诗创作的背景、背后的故事等，教师很难把握，只有准确、细致、深入地解读文本，研究好学情，古诗教学才能定位准确，教学才会有实效。

二、方法来引领，古诗细细品

（一）知诗题，明诗意

1. 指名读课题。

2. 题目中有两个地名，交流查阅资料。

黄鹤楼：出示图片。黄鹤楼因为有仙人乘鹤西去而得名，有诗为证——崔颢《黄鹤楼》，指名读。

广陵指的是现在的江南名城扬州。

3. 出示地图，了解位置。无论是黄鹤楼还是广陵，都在长江两岸。长江两岸有许许多多的城市，长江是一条重要的交通河道，从黄鹤楼顺流而下，就可以到达广陵。

4. 诗中有两个人物，指名介绍。出示李白和孟浩然的画像，齐读古诗《赠孟浩然》。提升：好朋友就是“知己”。

5. 理解“之”，指名说题目意思，板书“知诗题，明诗意”，请学生带着理解再读题目。

【设计意图】题目是诗歌的眼睛，解读题目、了解诗人通常是古诗课堂教学中第一步。

（二）品字词，解诗句

A. 初读。

1. 课前预习了古诗，指名读。

2. 画停顿，读出节奏，自主练习，展示读。

B. 品读。

要读好古诗，就要好好地理解和感悟。

1. 提出不懂的词语和诗句，板书问题。

2. 梳理方法：还有好办法吗？（多读、借助注释、借助插图……）

3. 小组合作说诗意。

4.“小老师”讲解诗意。考考同学们：你学会了吗？

5. 借助图片，理解“烟花”。

6. 板书：品字词，解诗句。

7. 指名读诗。

师：你仿佛看到了一幅怎样的画面？同学们想象得多好哇，原来我们可以把诗读成一幅画。

【设计意图】学生能够借助基本方法说出古诗的大意，所以教师应放手让学生去分析字词、了解诗意，这通常是古诗教学的第二步。教师只讲学生的疑惑处、易错处。比如上课时，有学生说“烟花”就是正月十五放的礼花，这与学生的生活经历有关，所以理解有偏颇。于是，我借助图片让学生理解“烟花三月”就是开满鲜花的三月，烟花指代的是春景，突破了这一理解难点。

（三）知背景，悟诗情

过渡：诗人在诗中流露出怎样的感情呢？这还得从他们俩的故事说起。

1. 课件出示《李白和孟浩然相识的故事》，师生合作读。

2. 音乐起：又是阳春三月，作者本该和好友赏花饮酒，去野外踏青。可是，听说孟浩然要到广陵一带远游，而自己有事不能同往，于是特地在黄鹤楼为孟浩然送行。

3. 拓展：望着帆船远去，李白心中百感交集，他仿佛有千言万语要向好朋友诉说。（交流）

师：我们也仿佛看见了孟浩然一个人孤独地站在小舟上，他……（拓展想象）

4. 师：真是一对情深义重的朋友啊。李白凝望着孟浩然的小船越走越远、越走越远，最后看不见了，只看见了滚滚的长江水，此时李白不禁想起两句诗——（齐读）

5. 师：读着这两句诗，你又能体会到什么呢？（板书：不舍、留恋）

6. 师：读到这里，你还有什么问题吗？（学生问难质疑）

7. 教师梳理问题：此时正是阳春三月，长江作为重要的运输河道，是最为繁忙的时节，江上来往的船只，没有上千也有数百。可是作者在诗中却写“孤帆”“唯见”，他是不是写错了呢？（板书：孤帆、唯见）

8. 学生谈感受，教师帮助提升。

师：是啊，尽管周围喧嚣繁华，但在李白心里，只挂念着孟浩然，在他眼里，也只看到载着孟浩然的那艘船。

师：孟浩然的船走得更远了，在水天相接的地方只剩下一个小黑点，李白心中仍激荡着这句诗——（生：故人西辞黄鹤楼，烟花三月下扬州）

师：纵然江上千帆竞秀、百舸争流，可李白的心里只有自己的好友孟浩然，眼里也只有载着友人的船只，所以他才会写——（生：孤帆远影碧空尽，唯见长江天际流）

师：那滚滚的长江水不正象征着他们深厚的友情吗？同学们，让我们把这首诗送给孟浩然。读——（生读全诗）

师：是啊！你们读出了李白对孟浩然的深厚友情。

师：女同学站起来送送孟浩然，齐读（师放课件，女生在乐曲声中读，这是柔情的相送）。男同学，你们来送送（这是豪壮的相送）。同学们读得多么投入啊！

【设计意图】古人作诗基本都有创作的背景，了解这一点对学生深入理解古诗含义、把握古诗情感具有关键作用。所以“知背景，悟诗情”通常是古诗课堂教学的第三步。本课中，我采用师生合作表演故事的方法让学生走到了诗歌背后，明白了古诗写作的背景，感悟到诗人用词的精妙，体会到离别时的诗情画意。

（四）想意境，会吟诵

播放传统吟诵调的吟诵，再播放青花瓷调的吟诵，学生跟着吟诵。原来，古诗还可以唱成一首歌。

【设计意图】吟诵是古诗教学的一个很高的要求，若教师自身不具备这样的素质，可以选择恰当的资源提供给学生。本课中拓展资源就起到了很好的作用。学生在倾听和跟唱中兴趣盎然，在接下来的诵读中做到有滋有味也就水到渠成了。所以“想意境，会吟诵”是古诗课堂教学中的第四步，可以有效提高师生的诗词修养。

三、合作又推敲，争当小诗人

1. 拓展送别诗，指名背诵。

2. 小组合作仿写。出示我去杭州学习时学生在校门口为我送行的照片，运用学过的古诗表达方法，课下仿写送别诗。

附学生作品：

别王师

师欲游学至杭州，同学相送校园中。

努力学习自勤奋，梦里师回一叶舟。

【设计意图】语文教学的目标之一就是触发学生语言的敏感，古诗是很好的素材。俗话说："熟读唐诗三百首，不会作诗也会吟。"本课中，我提出了仿写送别诗的任务，以为只有很少的小组能够完成。但是事实证明，学生具有很高的表达和模仿能力。创作中，学生充满挑战的欲望，人人苦思冥想。在小组合作探究中，学生学会了推敲文字，尝试押韵，运用"夕阳""校园"等意象将写景、叙事、抒情融为一体，写出了属于他们自己的离别诗。我不禁感慨：儿童是天才的诗人啊！我们为人师者，何不做一个为学生指路的人，引导他们在博大精深的诗词海洋里向青草更青处漫溯。

抓住民间故事特点，绽放语言教学特色

——统编教材三年级下册第八单元《漏》文本解读及教学设计

《漏》是统编教材三年级下册第八单元的一篇课文，根据民间故事改写。讲述了一个漆黑的雨夜，老虎和贼不约而同地去偷老两口家的小胖驴，因为老婆婆所怕的“漏”，老虎和贼东逃西窜，几乎丧命，也使得小胖驴幸免于难的故事。一个“漏”字贯穿始终，整个故事因它而奇趣生辉。

从感知人物形象来说，这是两位老人家的故事。如果不是两位老人辛苦地喂养了一头黑脊背、白胸脯的小胖驴，如果不是他们最害怕下雨的时候屋顶漏雨，那么这个故事就不会出现了。

站在学生的角度看人物形象，就是一只笨老虎和一个蠢贼的故事。《漏》中的两个主角——老虎和贼，他们被安排在同一时空、同一背景下演出了让学生哈哈大笑的一幕喜剧。如果这只老虎根本不想吃驴，小偷也根本不想偷驴，那么他们就不会鬼鬼祟祟地来到老人的屋后房顶，也不会一个掉下房顶、一个被压在身下。在这里，老虎被塑造成了一只天真笨拙的动物，它满脑子充斥着想吃胖驴的邪念，暴露了其本来的兽性，偏偏插图里是只可爱的动物——圆脑袋、圆眼睛，甚至脚掌都是圆的。瞧，它被贼骑在身下咕噜着眼珠张望时，眼神里不但没有虎王的煞气，反而显露出稚子般的无辜。而贼呢？那么无知，居然连“漏”都不知道，现实生活中怎会有这么笨的贼呢？同时又胆小如鼠，仅仅是听说“漏”就掉下了屋顶，恰恰暴露出“做贼心虚”这一本质。当一个文学作品演绎的角色具备了与学生贴近的气质和神情时，学生阅读时便容易对角色产生认同感。

再看文章的语言格调。本来是单一的主场景，文章运用了通俗易懂的口语化风格娓娓道来：“从前，有一户人家……”“哎！管他狼哩，管他虎哩，我什么都不怕，就怕漏！”这样的叙述让人不由自主走进了那个农家小院。文中浓彩重墨着力于主角老虎和小偷的表演，使用了大量对称句的写法，读起来朗朗上口，语句有章法，且布局合理，如“翻山越岭我什么都见过”“走南闯北我什么都听过”“老虎吓得浑身发抖，贼听得腿脚发软”。这样的语句更具韵味、更加灵动，让阅读者在读后浮现出的每个画面都变得简洁传神，流动的画面仿佛是一连串有律动的镜头一般，使得这个传统民间故事在生动形象的演绎中有了新鲜气息，读来令人捧腹。

三年级教材重视提升学生书面表达的准确性、丰富性，也注重优化学生的口头表达。有贯穿整册的语文要素“体会优美生动的语句”，也有单元语文要素“了解故事的主要内容，复述故事”，课后题提供了示意图和文字提示的支架，引导学生根据地点变化的顺序复述故事。民间故事是劳动人民共同创造和拥有的民族文学，有助于学生积累源于民间或古汉语的常用语言形式，增强文化积淀，激发学生热爱传统文化的热情。

故事内容浅显易懂，从理解层面上看，学生读懂故事并不难，所以课前可以设计自主学习单，引导学生自主学习，突破字词与故事情节关。课中教学应立足于读一个完整的故事，着眼于发挥学生的主体地位，让学生通过朗读理解语言文字，鼓励学生表达交流阅读感受，初步探究民间故事的艺术特点，尤其是通俗易懂的语言特点，从平平淡淡的语言描述中感受异彩纷呈的故事情节，感知鲜明的人物形象，体会民间故事的奇妙和趣味性。

基于上述认识，我们设计了以下教学活动并进行了试教。

环节一：课前谈话

师：中国文化博大精深，语言别具声韵之美，读起来抑扬顿挫、朗朗上口。这里有些句子，你来读读感受一下。

来对往，密对稀，来日对往昔。眼明对手快，心旷对神怡。

宽对窄，显对微，闪电对鸣雷。天南对海北，红瘦对绿肥。

师：你发现了吗，这些句子前后是对称的。不仅这样，里面还藏着几个四字词语呢！你找出来了吗？（眼明手快、心旷神怡、天南海北、绿肥红瘦）

【设计意图】本文的语言描写很有特色，里面有很多对称的句式，为了让学生在课堂上体会语言特点也能给故事带来趣味，因此课前和他们交流以前接触的“蒙书”中的句子，感受语言的对称美。

环节二：课中施教

（一）揭题导入，激发兴趣

师：世界上最动听的语言是汉语，最具魅力的文字就是汉字。（出示小篆体“漏”字）猜一猜这是什么字？

师：当你第一次看到这个题目的时候，你有什么想法？

师：真是个奇怪的题目，让我们对这个故事充满了期待。让我们走进这个有趣的民间故事吧！

【设计意图】本单元的人文主题是“有趣的故事”，为了将“有趣”贯穿始终，从题目开始就激发学生的兴趣，让他们对本节课充满期待。

（二）检查预习，整体感知

1. 师：这些词语你会读吗？（PPT出示词语）

第一组：脊背、喂养、厉害、颠倒（指名读、齐读）

第二组：粘胶、旋风

师：谁能把这两个含有多音字的词语读准确？

第三组：翻山越岭、走南闯北

师：如果把它们变成前后对称的形式，你会改吗？（翻山对越岭，走南对闯北）

第四组：莫非、顺势一纵

师（出示“莫非”所在的句子）：你能换个词语，保持意思不变吗？（找近义词，理解词语）

师：这是“顺势一纵”所在的句子，读一读，想一想它是什么意思。（联系上下文理解词语）

2. 指导学生写好“贼”字。

师：同学们请仔细观察，主笔斜钩要舒展，字才写得更好看。

3. 师：这个故事主要讲了一件什么事？（结合课前自主学习单）

> 从前，老公公和老婆婆养了（　　　　），（　　　　）都想偷它，偷的时候听到老公公老婆婆（　　　　），被吓跑了。后来不甘心，又要回去，路上相遇了，他们都以为（　　　　），吓昏了过去。原来，老公公老婆婆说的“漏”是（　　　　）。

（三）品读文本，体会情节之趣

1. 师：如果让你用一个词语来概括这是一个怎样的故事，你会选择哪个词语？（好玩、有趣……）

2. 师：默读课文，你觉得故事中哪些内容最有意思？请画出相关句子，并和同桌交流。

3. 汇报交流：让我们跟随你找到的句子，感受故事的有趣吧。

预设一：

老公公说："好像有什么声音在响？"

老婆婆说："唉！管他狼哩，管他虎哩，我什么都不怕，就怕漏！"

老虎趴在驴圈上想："翻山越岭我什么都见过，就是没见过'漏'，莫非'漏'比我还厉害？"

贼蹲在屋顶上想："走南闯北我什么都听说过，就是没听说过'漏'，莫非'漏'比我还厉害？"

师：你找的这些句子写的是什么？（老公公老婆婆在谈论"漏"）

师：你觉得他们的对话哪里有意思？（老虎和贼误解了老公公老婆婆"漏"的意思，以为"漏"是一种厉害的"怪物"）

预设二：

老虎驮着贼，贼骑着老虎，跑哇，跑哇，累得老虎筋都快断了……"终于甩掉'漏'了！"（第10～12段）

师：你找的这些句子写的是什么？（老虎和贼摔在一起逃走了）

师：你觉得他们的对话哪里有意思？（老虎和贼误认为对方是"漏"，都认为"漏"真厉害）

预设三：

老虎走着走着，走到了歪脖老树跟前。……然后都吓昏了过去。（第16～18段）

师：老虎和贼再次相遇，认为对方是"漏"，吓昏了过去。

师：这个故事情节太生动、太有意思了，老公公老婆婆嘴里的"漏"居然前后两次把老虎和贼吓跑了、吓昏了！

（四）角色朗读体验，感受人物之趣

师：这么有趣的故事，光说可不过瘾，我们来读一读、演一演。请小组选择自己感兴趣的部分进行分角色朗读，注意读出人物的特点，体会人物的心情，加上动作、表情就更棒了！

（小组展示）

（五）品悟语言规律，感受语言之趣

师：刚才大家的分角色朗读把我们带入了一个生动有趣的故事中。《漏》这个民间故事之所以这么受大家的喜爱，除了情节有趣之外，语言描写也非常有特色。你们在读的时候发现了吗？（课件出示文中的部分句子，学生进行对比，感受文章的语言特色）

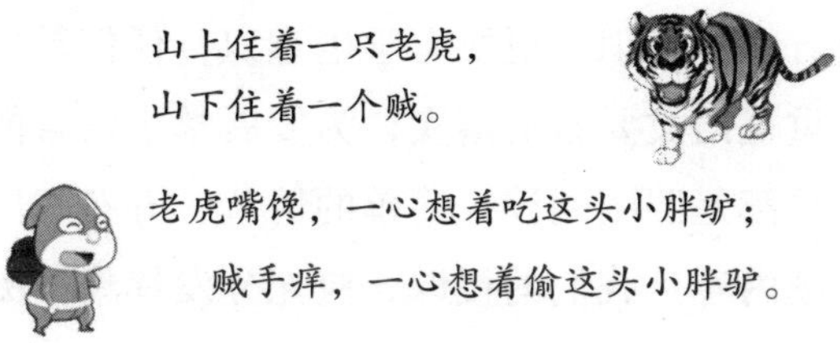

课件图片展示

师：文章中还有好多这样的句子，你能再找几句读读吗？这些句子前后句式差不多，一一对应，我们可以称它为对称句。你觉得用对称句进行描写有什么好处？（句式对称，朗朗上口，风趣幽默，像平常说话）

【设计意图】民间故事之所以趣味性浓厚，除了故事的情节有趣之外，语言特色也为“有趣”增色不少。“老虎来了，贼也来了。老虎用爪在墙壁上抓，贼用手在屋顶上挖。”像这样对称的句式在文中比比皆是，正是因为这些对称的语句，我们在读故事的时候更能体会到语言的趣味、故事的生动。课前的谈话，“翻山越岭、走南闯北”的处理，都是为了让学生感受文章的语言特色做铺垫。

（六）回顾全文，练习复述，优化口头表达

师：这个有趣的故事一定深深印在你的脑海中了，那你能根据下面的示意图将故事复述给大家听吗？（出示课后第三题的示意图）注意，提示语句和前面的小标题图可以给予我们不同的提示呢。

【设计意图】“能复述叙事性作品的大意”是《义务教育语文课程标准（2011年版）》中对中年段阅读的要求，也是本单元的语文要素。三年级学生的复述应为详细复述，借助课后的示意图学生不难梳理出文章的主要内容。

（七）推荐阅读《牛郎织女》《猎人海力布》，让民间故事魅力延伸

师：同学们，民间故事是我们民族文化的重要组成部分，它最早的流传不是靠写出来的文字，而是靠广大老百姓口耳相传，所以无论是读起来还是讲起来，都会感觉那么流畅，即使不看书也能顺利地讲出来。先推荐给大家这两个故事，课后请大家继续查找民间故事。如果你找到更有趣的民间故事，也请你与同学们一起分享。

从备课到试教，整个过程让我们认识到：每个单元的语文要素都不是独立于所在单元的，而是贯穿教学始终。无论何种文体，都只是提供语言支架，教师教学既要有文体意识，更要有学生意识，任何教学设计和实施都要立足于文本特点，重视语文要素的落实，为发展学生语言能力服务。当下，很多学生的阅读几乎都是照图阅读，简单的情节、五花八门的图片、卡通人物占据了他们的阅读内容。我们的授课，应充分发挥集体阅读的力量，让那些民间流传的、属于文学的精华能被学生所接受，用那些朗朗上口的作品引领学生走进民族的历史。

借助字族识字渗透传统字谜猜解方法

——一年级下册语文园地五“识字加油站”教材解读

统编教材一年级下册语文园地五“识字加油站”是一篇字族识字小韵文：

有饭能吃饱，有水把茶泡。

有足快快跑，有手轻轻抱。

有衣穿长袍，有火放鞭炮。

往简单处教，就是“‘包’字族”识字，认识生字“饱、泡、跑、抱、袍、炮”，初步了解形声字特点之一——“形旁表义”的功能。

但作为教师，解读教材的时候不能仅限于此。我们回顾一下课本第四课《猜字谜》的内容，会发现它们前后承接，有异曲同工之妙。

“言”来互相尊重，“心”至令人感动，

“日”出万里无云，“水”到纯净透明。

这里面包含了繁体字“請”，也包含了部首“忄”与“情”字的演变，还包含了形声字“左形右声、形旁表义”的常识，更包含了中国传统字谜的构成与猜解方法。

常用的传统字谜构成与猜解方法有拆字法、并字法、减字法、增字法、会意法、方位法六种。这六种方法的奥妙，都是以字形为工具，利用汉字的形体变化来构成字谜。上述《猜字谜》和语文园地中“识字加油站”的字族韵文都应用了字谜的增字法。

增字法字谜的特征就是以某个汉字为基础，增加某个部件，构成“有……就……”的语义关系，包含三个要素：作为增加基础的汉字、要增加的部件、表增加义的汉字。了解了这些字谜构成方法，猜解的时候才能手到擒来。

“识字加油站”六个分句的“有”都是表示增加的部件，六个分句中分别增加“饭（食）、水、足、手、衣、火”，形成末尾字“饱、泡、跑、抱、袍、炮”，与它们所在的语句所表达的语义相符合，是表增加义的字。而“包”就是作为增加基础的汉字，同时也是谜底。

增字谜的猜解就是从名称上进行反向探究，既然“增字”成谜，必然“减字”见谜底。

了解了这些，“识字4”的谜面也可以进行改编，用“有……就……”的表述形式回味增字谜的构成过程，有助于巩固此类字谜的猜解方法。

有言互相尊重，有心令人感动，

有日万里无云，有水纯净透明。

如果补充2017年版的义务教育课程标准实验教科书（苏教版）“识字4”的内容拓展学习，能更清楚地看到增字法字谜的特征。课文编排由字及词，再到含有表达语义的句，有助于低年级学生对新生字的形义对照。

驰　奔驰　　有马能行千里。

地　田地　　有土能种庄稼。

他　你我他　有人不是你我。

池　池塘　　有水能养鱼虾。

如果作为猜字谜，要进行“倒推”猜解，4个分句的“有”表示增加意义的汉字，“马”“土”“人”“水”分别是4个分句要增加的部件，猜的时候要减去增加的部件。首先，根据“能行千里”判断出是“奔驰”，同理，“能种庄稼”是“田地”，“不是你我”就是“他”，“能养鱼虾”的是“池塘”，词语与短句表义相同。接下来“驰”“地”“他”“池”4个汉字减去“马”“土”“人”“水”就是“也”字，这样可以断定“也”字是作为谜底的基础汉字。

同册中“识字8”的内容：“天气晴，池水清，小蜻蜓，大眼睛，飞来飞去捉蚊虫。”也可以改成“有日天气晴，有水池水清，有目大眼睛，有虫是蜻蜓。”

二年级的两篇识字文则揭示形声字“形表义”的意图更加明显。上册“识字4”：

苗，禾苗；描，描红；喵，喵喵叫；

猫，小猫；瞄，瞄准；锚，铁锚。

船上有只锚，家里有只猫。

船上的锚两个爪，家里的猫四只脚。

船上的锚能停船，家里的猫喵喵叫。

锚和猫，莫混淆，看看偏旁就知道。

二年级下册“识字8”：

包，书包；苞，花苞；饱，饱满；炮，火炮；泡，水泡。

水下两条小金鱼，水上两朵荷花苞。

小金鱼，吐泡泡，荷花苞，咧嘴笑。

我们可以借助这两篇小韵文的学习概括出学习方法：“学习形声字，辨别要仔细。声旁多表音，形旁多表义。记住这一点，识字变容易。”

让童心在语文课堂自由飞扬

——基于课标的语文课堂教学实践及有关思考

苏联教育家苏霍姆林斯基说：“每一个教师都在尽量唤起学生对自己所教学科的兴趣，使他们入迷地酷爱这门学科。让学生们把你所教的学科看作是最感兴趣的学科，让尽量多的少年像向往幸福一样幻想着在你所教的这门学科领域里有所创作，做到这一点应该是我们引以为荣的事情。”

《义务教育语文课程标准（2011年版）》提倡“以人文本”的教学理念，语文课堂应该是学生活起来、动起来的乐园，是学生放飞心灵的天空。在这个平台上，学生个个都是鲜活的、有生命的“主角”。语文课堂应该成为一首意境优美的诗、一幅生动绚丽的画。下面结合我在教学中的几个案例谈谈这方面的一点感受。

一

《义务教育语文课程标准（2011年版）》提出“阅读教学是学生、教师、文本之间的对话过程”，要求“尊重学生在学习过程中的独特体验”，“提倡多角度的、有创意的阅读”，“减少对学生的束缚，鼓励自由表达和有创意的表达”，但在教学中与学生对话时经常会遇到一些意外。

2007年3月17日　　　　星期四

今天学习《花瓣飘香》。处理第2段时，问学生透过“俯、摘、捧”这几个动词能看出小女孩儿是个什么样的人。一鸣说：“这个小女孩儿做事情很细心。”话音刚落，英豪说：“我不同意！我觉得这几个表示动作的词表现这个小女孩儿鬼鬼祟祟的，像小偷。不然，她跑什么？”学生一片哗然。同飞随即反驳道："这表现她小心翼翼的，唯恐碰坏了月季花。"海涛接着补充："她飞快地跑回家，是想让妈妈看到带露珠的花瓣，并不是逃跑。"也有学生说："要是鬼鬼祟祟，就应该用'蹑手蹑脚'类的词语了。"很多学生纷纷举出课本上相关的语句争论起来。

看着他们的争论，刚开始我哭笑不得，暗想：这么简单的问题还用争论吗?

再听他们争论的过程，我忽然觉得：这样的争论未尝不可！尽管他们的发言中可能有偏颇，可能有错误，但这些都是他们内心的真实感受，我们应该珍视它。在这种碰撞中，会最大限度地调动学生学习积极性，如此所获得的知识来得更直接，记忆更深刻。这是教师牵着鼻子走所不能获取的经验。

像这种事情在课堂上会不断发生，如果我们一味地训斥或置之不理，就会使本来优秀的学生不再优秀，也会使本来很差的学生变得更差，总之会使学生得不到应有的发展。对待这种无意识的"捣乱"行为，我们应采取积极的方式先去接纳学生，然后引导他们。教师要走出课前的预设，抓住学生的"灵光一闪"，善待课堂上此类"不和谐的音符"，给予及时的肯定与鼓励。从这种语文课堂中走出来的学生，他们的探究性阅读和创造性阅读的能力一定会更强，阅读反思和批判的能力会更高。

苏霍姆林斯基曾说："教育的技巧并不在于能预见到课堂的所有细节，在于根据当时的具体情况，巧妙地在学生不知不觉中做出相应的变动。""教由学来定。"看似散，实为聚，筑起的是学生坚不可摧的主体地位，实践的是"以人为本"的理念。

二

"语文对人的精神领域的影响是深远的"，人们"对语文材料的反映又是多元的"。在小学语文教材中，有丰富多彩的艺术形象、凝练生动的优美词语、强烈感人的抒情色彩，选材虽小，却打动人心，具有丰富的内容和很强的启发性。如《花瓣飘香》那感人至深的孝敬长辈的一幕无声地引导着学生的价值取向，《做一片美的叶子》《你必须把这条鱼放掉》不着痕迹地进行了社会公德教育，《东方之珠》中优美的比喻句深深影响、丰富着学生的语言积累……从这样的认识出发，我在教学中非常重视语文的熏陶感染作用，通过优秀作品的浸染，提高学生的语文素养。

2007年9月16日　　　星期四

学习《北大荒的秋天》。

作为一篇写景的文章，《北大荒的秋天》实在太美了，以“品味词句、想象意境、训练朗读”为重点再合适不过了。于是第一课时我们展开了充分的读：朗读、小声读、默读、想象读；自己读、分段读、读给同桌听、齐读。大家读得津津有味，对其中的比喻句“成片的大豆摇动着豆荚，发出了哗啦啦的笑声；挺拔的高粱扬起黑红黑红的脸庞，像是在乐呵呵地演唱”更是读得摇头晃脑，趣味盎然。

在本课的教学中，我没有讲解课文语句的意思，而是引导他们用自己的目光去感悟，从而探究作者的情感，感受秋天丰收的愉悦，体会阅读的快乐。在这样的课堂中，教师不再是“教教材”，而是“用教材”，与学生携手漫游语文天地，与文本、作者对话，进行思维和心灵的碰撞，体味文学的博大精深，感受生活的多姿多彩。整个课堂充满意蕴、充满激情，充满了说也说不清但回味无穷的感觉，无论学生的感受是粗浅还是深刻、普通还是独特……

三

苏联教育家斯维特洛夫说过：“教育家最主要的，也是第一位的助手，是幽默。”小学生注意力集中的时间短，每节课后期，学生的大脑兴奋度已没有先前那么活跃了，注意力与思维能力都不在最佳状态，效果是可想而知的。幽默的语言可以培养学生的思维能力，尤其是深层次的思维风暴。我习惯每节课中场的时候给学生讲个笑话，活跃一下气氛，调动一下再学习的情绪，如果笑料恰好与所学内容相关，会起到事半功倍的效果。现在学生听笑话成了一种习惯，经常会说“王老师，有点累了，讲个笑话吧”。而且，他们也逐渐幽默起来。

2007年10月21日　　　星期四

今天讲“练习3”的口语交际。

在明确求救的语言应该清楚、简洁、明了的要求后，海涛主动要求给大家讲个笑话，内容是这样的：“有一个人给消防队打电话说：‘消防队呀，我家着火了，快来救火！’消防队员问：‘在哪里？’‘在厨房里！’‘我们怎么去？’‘你们不是有消防车吗？开车来呀！’”同学们哈哈大笑，在笑的同时，对于交际语言的要求已经铭刻在心了。

幽默的语言在重视课堂评价的机制下显得更为重要。我们可以充分让学生得到鼓励、受到关怀，并且可以及时地评价学生的表达，还可以把课堂突发事件在一笑中处理得了无痕迹。

2007年5月27日　　　星期五

课堂上我正带领学生徜徉在诗的海洋中，突然有人惊呼：“老师，浩洋喝水，还拿水壶喷了我一身！”这个时候如果停下来处理，必然耽搁不少时间，甚至影响到学生已经调动起来的情绪。我笑眯眯地说：“来，把你那个特殊的武器给我看看。”他一脸疑惑地朝我走来，看不出我葫芦里卖的什么药。我接过水瓶，对大家说：“这种武器将来可以作为第四次世界大战的武器，不过你得好好学习再继续研究。”学生粲然一笑，拿起书本继续学习。

四

俄国著名作家托尔斯泰说：“成功的教学所需要的不是强制。”马克思也曾说：“人只有在自由的状态下才能创造出最美好的东西。”语文教学应让学生“心游万仞”，应让学生“无拘束言说”（朱永新），只有在这样自由的状态下学习语文，学生才能热爱语文、创造语文。也只有让我们的课堂绽放自由的光芒、律动自由的灵韵，才能培养出一个个具有生命意义、创新精神和积极主动情感态度的新世纪所需要的人才。瞧，我们的课堂在语言文字的练习中也充满了人文关怀！

2007年9月9日　　　星期四

今天学习“练习1”，讲“学用字词句”的第三题“你能想出哪些词语来描述图中的场景”时，学生张嘴就说“骄阳似火、满头大汗”，接着就卡壳了。“看看图中画了些什么？”学生通过观察，又找到了“清澈见底、花草茂盛”。有个学生说出了“连绵起伏”，其他学生立刻七嘴八舌：“这不是山，不能用连绵起伏！”“树很多，从远处看就像山，可以用连绵起伏！”经过讨论，大家一致同意可以用。我对学生说：“能想到这个词语，说明你们动了一番脑筋，这就是进步。看看，还能想到什么？即使不是很恰当也没关系，我们可以在筛选中加强自己对词语的理解能力。”

最令人高兴的是发生在观察钓鱼孩子的表情时，几个学生说出了“哈哈大笑、兴高采烈”，这时一个女生冷不丁说出“悲痛欲绝”。同学们不解，随即她解释：“钓鱼的孩子因为钓到鱼兴高采烈，那条被钓到的鱼不就是悲痛欲绝吗？”多么敏感的童心！多么善良的学生！我为你喝彩！

在这种情感调动下，学生的视野逐渐开阔起来。

感谢学生的解答，让学生的“资源”在课堂上闪光。

我崇尚霍懋征老师的课堂论：“老师把课上得跟孩子依恋动画片一样，就是快乐教育。”

我执着地探索自己的课堂论：“让语文成为学生放飞心灵的天空，让童心自由飞扬。”只要我走在教育的路上，让这个神圣的使命与生命同行，便无怨无悔。

通过阅读表演活动，评价学生阅读方法

——《小稻秧脱险记》课堂教学一得

《小稻秧脱险记》是一篇科普性的童话故事。全文采用了拟人化的手法形象地写出了杂草对于稻秧生长的危害，以及喷洒除草剂对保护稻秧所起的重要作用。故事中的主角就是小稻秧、杂草和喷雾器大夫。

《义务教育语文课程标准（2011年版）》指出："阅读评价要综合考查学生阅读过程中的感受、体验、理解和价值取向，考察其阅读的兴趣、方法与习惯以及阅读材料的选择和阅读量。重视对学生多角度、有创意阅读的评价。"

在《小稻秧脱险记》的教学中，我尝试通过引导学生观察、朗读和表演，评价学生用普通话正确、流利、有感情地朗读的能力，评价学生对课文的体会和理解，达到读中想象的目的，从而使学生凭借语言文字进行自由创作想象，在读一读、演一演、评一评中交流阅读方法和阅读体会。

一、典型细节

1. 师：接下来我们进行演一演活动，请同学们推选4名同学分别扮演小稻秧、杂草、喷雾器、作者。

生：我选一琨演喷雾器。

师：为什么?

生：因为课本上说"一阵毛毛雨从天上飘下来"，那么喷雾器得选个个子高的。

师：你会根据课文内容给同学们量身定角色了。

生：让晓强当杂草，杂草要蛮不讲理。（该生平时有些霸道）

生：找个女生演小稻秧。

终于选定了4个主角，表演开始了，课堂上不时爆发出掌声和笑声。

2. 演完之后评议。

生：喷雾器演得很好，他的声音很响亮，可以说是声若洪钟，很有正义感。

师：你很会用词，用你所积累的词语“声若洪钟”代替了课文中的“响亮”一词。

生：老师，演得不对！不能只选4个人，杂草应该选很多，不然怎么“团团围住、一拥而上”？

师：你有一双慧眼，在用词中发现了表演的问题。

生：小稻秧的“挺了挺身子”没表现出来！

师：如果让你演，你会怎样演？（生挺立，扭动几下身躯做舞蹈状）为什么这样演？

生：这里应该体现出小稻秧的高兴。

评议后又进行了第二遍表演，“杂草们”的表演应该说很到位，把那种气势汹汹、蛮不讲理表现得淋漓尽致，而且很有敬业精神，演到“纷纷倒下”时竟然真的都躺到了地上。

3. 第二遍表演刚结束，又有人质疑。

生：不对！应该是“一棵杂草警觉”，这时不能所有的杂草都说话，一个演杂草的发言就行。

生：是“纷纷倒下”，杂草怎么一下子都倒下去了？最好一个接一个地倒下去。

师：你咬文嚼字的本领很强，能区分出词语的细微不同，向你学习。

而后又进行第三遍表演。各位新主角在汲取了大家评议的建议后，进行了惟妙惟肖的表演，小稻秧们在结尾时还用欢快轻松的小舞蹈体现了自己的愉悦之情。表演在大家的掌声里结束。

4. 结合刚才的情境体验，声情并茂地朗读全文。此时，学生摇头晃脑，进入了阅读。

二、教师小结

在本节课中，学生在语文学习中表现出一些较强的能力。

（1）理解能力

通过表演，结合自己的生活经验，学生把对“气势汹汹、一拥而上、纷纷”等词的解释用肢体语言表演得恰到好处，没有了教师的烦琐分析，脱离了工具书的辅助，真正做到了以读为本。

（2）质疑能力

学生提出的表演建议合情合理，足以看出学生的深入思考。同时，教师及时对学生的质疑进行鼓励并提出良好的建议，使学生在发言得到肯定的快乐中，进一步明确今后质疑的方向，向提出有价值问题的目标更迈进一步。

三、教后反思

实践证明，任何评价如果没有被评价者的积极参与，很难达到预期效果。因此，在评价过程中，必须让学生自觉主动地参与到评价活动中来，使学生成为评价的主体。目前的学生学习评价往往是教师对学生的评价，学生是消极被动的受评者，不能充分发挥评价的导向、激励作用。由于缺少有针对性的评价，学生偶尔进行自我评价，方式也是单一的，因此自评所得结果也无法对学生的学习提供有效指导。

文到动情处，语默亦能知

——《第一次抱母亲》教学过程及反思

一、教材分析

《第一次抱母亲》是苏教版小学语文四年级下册的一篇富有情感的课文。文章记叙了由于母亲生病住院，需要更换床单，就这样一个非常偶然的抱母亲的机会，引发了母子之间心灵的碰撞和融通。文章的字里行间洋溢着母亲对子女的爱，更表达了儿子对母亲深深的感恩之情。这篇文章，重点是体会母亲的辛劳，感悟母亲胸怀的无畏、博大，应该是一点即透的，加深对母亲的崇敬和爱戴之情是需要进一步提升的。同时，这篇文章在技巧与方法方面并没有需要学生掌握的重要部分，关键是以情动人；在理解重点词语的意思方面，我认为在语句中体会即可，不必非得解释出来，有时汉语特有的只可意会不可言传的功效还是应该适当发挥的，不说不等于不明白。总体来说，这篇文章人文性要大于工具性。由此可见，这篇课文可用作对学生进行情感教育、锤炼语感的好素材。

二、学情分析

四年级学生已经有一定的阅读量，也有一定的阅读速度和理解水平，能借助语言文字进行思考和想象，初步把握课文的主要内容；听说读写的能力逐步增强，具有一定的语感；同时具备了课前预习的习惯，具有较强的自主识字能力，课前预习基本可以扫清生字词障碍。所以，在教学中要逐步放手，让学生进行丰富的语文实践。

三、设计理念

语文作为一门实践性很强的学科，说到底是没有什么特别的诀窍的，无非是听听、说说、读读、写写。《义务教育语文课程标准（2011年版）》指出："阅读是学生的个性化行为，不应以教师的分析来代替学生的阅读实践。应让学生在主动积极的思维和情感活动中，加深理解和体验，有所感悟和思考，受到情感熏陶，获得思想启迪，享受审美乐趣。"

所以，学生能自己读懂的课文是不必条分缕析的，为什么不节省出时间来和学生一起阅读呢？如果每篇课文之外都多读两篇，小学阶段单课堂上的阅读量也是很可观的。所以，我将尝试一篇补充多篇，讲读课文不求全、不求深，抓住一点，一课一得。

因此，我制定本课的教学目标如下。

（1）预习要求正确、流利地朗读课文，课堂关注有感情的朗读，体会重点词语的作用。

（2）通过合作、探究，理解文章大意，感悟母亲胸怀的无畏、博大，激发对母亲的崇敬和爱戴之情。

（3）在比较阅读中，提高学生的理解能力、感悟能力、语言表达能力。

四、教学过程

（一）检查预习情况，梳理文章主要内容

1. 在学生预习的基础上，引导学生梳理概括主要内容，讲清事情发展过程的三个阶段。

2. 呈现相同类型的文章，如《弱者与强者》《妈妈的账单》和诗歌《妈妈的爱》。在预习的前提下，让学生小组合作探究：通读这几篇描写母亲的文章，这些母亲给你留下了怎样的印象？人物性格往往通过描写动作、语言、神态的语句表现出来，请画出你认为最能刻画母亲性格特点的语句（可以画一句，也可以画多句；可以从一篇文章里画，也可以从多篇文章里画），并与同学交流一下阅读这些句子的感受。

（二）抓住主要语句，品味感悟母亲的辛劳

在学生交流汇总的基础上，回归到课文中描写母亲辛劳的语句，通过引读进行诵读训练，在读中加深认识。

“我”一直以为母亲力大无穷，那是因为——

在我记忆中，母亲总是手里拉着我，背上背着我妹妹，肩上再挑100多斤重的担子翻山越岭。

却没想到——她是用80多斤的身体，去承受那么重的担子。

“我”一直以为母亲力大无穷，那是因为——

这样年复一年，直到我们长大。我们长大后，可以干活了，但逢有重担，母亲总是叫我们放下，让她来挑。

却没想到——她是用80多斤的身体，去承受那么重的担子。

（三）配乐诵读，感悟作者的报恩之心

此时“我”的心情是——愧疚的。

师：来，同学们，让我们一起轻轻地哄母亲入睡（配乐读）——

我坐在床沿上，把母亲抱在怀里，就像小时候母亲无数次抱我那样。为了让母亲容易入睡，我将她轻轻地摇动。护士不忍离去，静静地站在边上看着。母亲终于闭上眼睛。我以为母亲睡着了，准备把她放到床上去。可是，我忽然看见，有两行泪水从母亲的眼角流下来……

“我”抱母亲是“第一次”，而母亲抱“我”却是“无数次”；你可知，母亲流下的泪水是怎样的泪水？

小彼得为妈妈付出的劳动有价，而妈妈为小彼得付出的却无价；妈妈抱“我”无数次，“我”抱妈妈只是第一次，母亲就激动得流下幸福的泪水。孩子给予妈妈的爱是多么的渺小，母亲给予孩子的爱，却是________________。

师：“谁言寸草心，报得三春晖。”一起再来读读最后一段。

（四）拓展延伸，升华感情

师：母亲，多么崇高的词语；妈妈，多么亲昵的称呼。也许妈妈的爱并没有轰轰烈烈、感天动地，却更多地蕴藏于你生活中的点滴。“谁言寸草心，报得三春晖。”此时，你可想起了生活中妈妈关心你的某个片段？你想对自己的妈妈说什么？拿起笔写下来。

【教后记】

（一）我的备课历程

本节课要从三、四单元选一篇课文示范讲，我觉得无从下手，于是在班里做了一个小调查：快速通读这几篇课文，不求了解，合上书想一想：你对哪一篇课文最感兴趣？我觉得，既然最感兴趣必然是有话题可说的，这算是基于学情的选择吧。

调查结果是比较出乎意料的，70人全部参与调查，兴趣结果分布为：

《三顾茅庐》2人

《祁黄羊》2人

《公仪休拒收礼物》1人

《永远的白衣战士》31人

《番茄太阳》14人

《第一次抱母亲》15人

《我不是最弱小的》3人

又选择另外一个不熟悉的班，参与调查的同学最感兴趣的是《第一次抱母亲》，《永远的白衣战士》没有参与调查。

该选哪一课呢？

我个人比较喜欢《第一次抱母亲》，而且我跟学生最近读了很多关于父母之爱的文章，如《血色母爱》《骆驼妈妈》《老狼碑》《强者与弱者》《红莲》《奇迹的名字叫父亲》《纸钢琴》……应该很有知识储备，若说课堂呈现《第一次抱母亲》，教学效果绝对不在话下。但这次要面对别的学校完全陌生的学生，毕竟基础不同、学情不同，再说要讲究课堂表现力，我不擅长煽情，而且这篇文章很多名家都上过，虽然不为标新立异，但思维定式、雷同的环节听来还有什么意思？

中午行走在路上，这篇文章始终回旋在我的头脑中，每一句话、每一环节，我该从何处下手？该重点讲什么？什么地方可以提升？什么地方可以出亮点？越想思绪越混乱，没有理出新思路。

午睡后步行返校，迎着春日特有的裹着沙的风，晒着暖暖的阳光，忽然有个想法闪现在脑海中，简单些，再简单些，不想提升，也不想亮点。首先，我应该让学生学会什么？我通过什么方式把这些他们该掌握的传授给他们？怎么让他们保持充足的兴趣来学习掌握这些内容？

午夜，我久久不能入睡。脑海中总是浮现出最近跟学生读的那几篇文章。或许是因为自己也是母亲的缘故，又或许自己是一个感情比较脆弱的人，那一篇篇描写母爱的文章，虽不说字字句句在眼前闪烁，但其中的若干句子却是无论如何都挥之不去的。而我班学生在阅读时眼中闪烁的泪花，更让我觉得这些文章值得推荐给更多的学生阅读。

小学语文教材主编张庆先生曾用“熏锅屋”来形容语文学习。他认为，语文学习就像烟熏锅屋一样，需要长时间的熏陶和积累。如果仅有课本上、课堂上学的那点东西，是远远不够的。张先生曾说：“遗憾的是，我们学习书面语言却违背了‘熏’的规律，没有引导学生下苦功去读、去背、去写，而是一课一课地讲，条分缕析。想想：你自己的读写能力哪儿来的？是教你的老师讲出来的？不是，是你自己在大量的、长期的读与写的实践中形成的。”

崔峦老师曾说：“我们现在不是高估了孩子们，而恰恰是低估了现在孩子的水平。你不知道他们有多大的能量，他们所知远远超乎我们的想象。”四年级学生已经有一定的阅读量，也有一定的理解水平，像《第一次抱母亲》这篇文章，应该是一点即透的，加深对母亲的崇敬和爱戴之情是需要进一步提升的。

基于上述认识，我形成了这样的一个授课流程。

记得有些教育专家说过，不必把第一、二课时分得那么清楚。如果是自己的学生，可能上到哪里都可以，即兴调一节课也是有的。由于对所借班级学生的阅读速度不甚了解，所以这个设计可能35分钟完成不了，但我仍然要做。我相信，这样一节课带给学生的影响是深远的。

（二）我的教后反思

课已经上完了，但思考没有结束。《义务教育语文课程标准（2011版）》指出：“阅读是学生的个性化行为，不应以教师的分析来代替学生的阅读实践。应让学生在主动积极的思维和情感活动中加深理解和体验，有所感悟和思考，受到情感熏陶，获得思想启迪，享受审美乐趣。”在大力提倡阅读的当下，很多教师说：“一课就得讲两课时，还要写作业，哪里有时间领着学生读书？”我就想，有些课文是不必段段讲、句句抠的，为什么不节省出时间来和学生一起阅读呢？所以我在尝试，需要学生掌握技巧、方法的文章还是要细细地讲、慢慢地仿，因为学生学习的主要方式就是模仿。而其他不需要字斟句酌的文章，就去做加大阅读量的工作。也正因为如此，这篇课文的教学我定位于不能求全、求深，抓住一点，一课一得。

本课自我感觉既定教学目标基本实现，课堂上主要处理的两段描写做到了有所感、有提升。学生从拖腔读书到能在有所感悟的基础上注意停顿、有一定技巧地朗读，再到配乐美读，阅读水平逐步提高。

阅读拓展的作用当堂是看不到实效的。在将几篇文章同时呈现给学生的实践中，这样讲课的次数已经不少了。本课结束后，学生日记中写道："开始，对这篇文章没觉得怎样，学着学着感觉自己快要哭出来了。我想说，妈妈辛苦了！"我想，这种感想是对我最好的肯定。这次借别的班上课恰恰可以帮我验证这种方法是否可以普遍适用，是否有利于语文素养的长期培养。尝试总会有失败，但是如果做任何事都没有人去尝试，又怎会有日后的推广？下课时，刘老师班里的学生都在认真地记录着我推荐文章的题目，那种专注令我感动，这是不是阅读带给他们的影响呢？

然而，课堂不仅仅检验教师分析、驾驭教材的能力，更体现师生互动、生生互动的思维碰撞。本节课课堂气氛不是很活跃，但不能从学生身上找原因，应究己原因：问题出在分析学生还停留在理论水平而忽略了实际，熟悉学生的工作有疏漏。我认为，课前的熟悉不等同于提前告知，因此熟悉学生时只是告诉学生预习这几篇文章、读几遍，也询问了相关的学习习惯的落实，但是忽略了技能、方法的指导。比如交流自己感受较深的句子，学习准备就应该用上学期掌握的学习习惯——读书做记号，教会他们读书要有自己的想法，印象深刻的句子应该画出来。没有带着任务去读，目的性不是很明确，这就造成了学生在交流时不能很快地进入情境话题，冷场是必然的。换言之，课堂上若能静下心、沉住气，再给学生三五分钟去读一读、画一画，这个问题也能迎刃而解，就不会不能免俗地陷入"评优"的囹圄而不能破茧。

词中有画，句中含情

——《小动物过冬》教学设计

一、初读感知

1. 师：今天我们一起学习一篇童话故事《小动物过冬》，伸出小手跟老师一起板书课题。“物”是一个生字，左边是——牛字旁，牛字做部首横变提，字形变窄，右边这个字是——勿，你在哪里见过这个字？“请勿吸烟”“请勿打扰”都是这个“勿”，合起来还念wù，这是一个形声字。

【设计意图】引导学生留心观察，养成生活中识字的习惯。

2. 师：课文讲了一个什么故事呢？请大家拿起课本，借助拼音自己读一读，争取不加字、不减字，把字音读正确。

随机提示读书习惯：××读书姿势真端正，身正，肩平，眼离书本一尺；××声音真响亮，眼到，口到，心也到。

师：我们也像他们这样，放开声音把课文再读一遍，争取比第一遍读得更流利。开始自己读吧。

二、识记字词，扫清障碍

1. 师：每篇课文总会让我们结识一些新的字词朋友，你能认出它、读出它吗？

逐行出示：（先自己读读试一试）

① 小动物、哥哥、妹妹、跳舞、快乐。

师（随机评价）：你很会读，词语都带上了快乐的色彩。

② 商量、接着、暖和。

刮起来、钻到泥土里、藏在蜂巢里。

指导学生轻声读，要读得轻而短。

③ 第二年、春暖花开、相见、聚到一起、够。

师：课文中还有两个词语跟“第二年”的意思相同，你能找到吗？

链接句子：它们商量好了，约定**第二年**春天还在这里相见。

等**明年**春暖花开的时候，我再飞回来。

等到**来年**春天，再出来找虫子吃。

师：瞧，我们的汉语多奇妙，相同的意思可以用不同的词语来表达。

指导学生把这3个词语从文中圈画出来，渗透积累意识。

2. 师：当你读到“春暖花开”时，想到了什么？（链接春暖花开的美景图片）

师：描写春天美景的词语有很多，你还知道哪些？

师：只要平时多积累，就能胸藏锦绣辞，一起来读一读这些描写春天的词语吧。

春回大地　春风送暖

百花齐放　春色满园

出示所有词语齐读。

师：有些字笔画很多，还真不好记，看谁能认出来，喊出它的名字。

屏幕随机出示卡通动物带出笔画较多的生字。

拼字游戏：每个字都被分成了两部分，请你将它们拼成本课生字，再读出来。请一对同桌到黑板上拼写，比比谁拼写得快。

三、精读感悟，品味言意

1. 师：生字都会读了，相信你一定能像讲故事一样将课文读得更加正确、流利。谁愿意读给大家听？（指名随机接读）

师：你知道文中的小动物是怎么过冬了吗？

2. 师：无论是桃红柳绿的春天，还是骄阳似火的夏天，又或是鲜果飘香的秋天，小燕子、小青蛙、小蜜蜂三个好朋友总是在一起唱歌、跳舞、做游戏，就算是为了迎接冬天的到来，它们也要聚到一起商量商量呢。听，它们正在商量呢！（播放动物声音）

师：小燕子先向朋友们讲述了自己的打算。谁来读读燕子的话？（指读）

师：现在来看它跟青蛙哥哥是怎么商量的。（齐读）

师：我想问问小燕子，你这样问青蛙哥哥的时候，心里是怎么想的？

师：同学们看这段话，如果在这里加上一个能表现小燕子心情的词语，你会加什么？（燕子接着________地问小青蛙）

师：你从哪里感受到小燕子对朋友的________？

师：你能把小燕子的关心与担忧通过你的朗读表现出来吗？谁来读？

师：同学们读这两组句子，你发现有什么不同，又有什么相同呢？

> 青蛙哥哥，你不是也吃虫子吗？可你不会飞，怎么到南方去呢？
>
> 青蛙哥哥，你也吃虫子，可你不会飞，没法到南方去。

师：对，两组句子意思其实一样，读起来语气不同，因为第一组句子多了两个语气词“吗、呢”和两个问号。你觉得哪组句子更像商量的语气呢？小小的语气词，让朋友在商量时更能表现出那种相互关心，谁再来读读这个句子，注意把那两个带着小嘴巴的语气词读好呀。

师：小青蛙，作为好朋友，你能让小燕子为你担心吗？怎么读才能让小燕子不为你担忧呢？

师（随即评价）：你可真是个会读书的孩子，你会重读关键词语。（突出：钻、好好、一大觉）让我们也知道小青蛙早就有备无患了！

师：来，请勇敢大方的男同学当青蛙哥哥、活泼可爱的女同学当小燕子，我们一起来读读它们的对话，感受一下小燕子和小青蛙之间互相关爱的浓浓友情吧。

师：同学们，刚才我们想着小燕子和小青蛙心里所想，注意说话时的语气就把故事中的对话读好了，现在用这种方法来读一读小燕子和小蜜蜂的对话吧。

【设计意图】扶：先引导学生抓住“吗”“呢”等语气词，通过比较疑问句、陈述句表达语气的不同，体会到好朋友是在商量怎么过冬，感受好朋友之间的关心和担忧，再带着自己的感受分角色有感情地朗读。放：让学生用学到的方法带着自己的感受自读小燕子和小蜜蜂的对话。

师：同学们，仔细看这几段话，你有什么发现？

我准备吃得饱饱的，过两天钻到泥土里去，好好睡上一大觉。等到来年春天，再出来找虫子吃。

我要飞到南方去，那儿暖和，还有很多虫子。等明年春暖花开的时候，我再飞回来。

我早就采了很多蜜，藏在蜂巢里，够吃上一个冬天的。

四人小组讨论，交流自己的发现。

师：对，小蜜蜂还缺少一句跟朋友明年的约定呢。你能替小蜜蜂把这句朋友的约定补充完整吗？能用上我们刚才积累的词语吗？

小蜜蜂说：“我早就采了很多蜜，藏在蜂巢里，够吃上一个冬天的。等＿＿＿＿＿＿＿＿，再＿＿＿＿＿＿＿＿。”

【设计意图】引导学生在读中发现同类句子的语言规律，并且能主动地运用在阅读和生活中学到的词语。

青蛙、小燕子和小蜜蜂是好朋友，它们不仅在一起唱歌、跳舞的时候分享快乐，面对天气的变化，面临遥远的分离，他们依然牵挂着朋友，为朋友着想，它们就是这样“商量”的。

它们商量好了。（出示最后一段，齐读）

课文读完了，可故事还没有结束。（动画演示含有全部生字的短文，配乐齐读）

第二年，春风刮起来，春暖花开了，小燕子从南方飞回来了，藏在泥土里的小青蛙钻出来了。接着，小蜜蜂也飞来了。它们又聚到一起相见了，正商量着唱歌、跳舞、做游戏的事儿呢。

四、学写生字

师：故事讲完了，可我们没有停止学知识的脚步，动动小手，与生字朋友在笔下相聚吧。

暖：观察字形、占格有什么特点？左窄右宽的字还有哪些？写的时候怎么写才好看？指导写到位：体型窄，左边站；右边宽，要舒展。

刮：跟“暖”相比，字形有什么特点？

教师范写，学生描红临写，展台展示，点评并修改。

【设计意图】“一看、二描、三写、四迁移。”一看，选取左窄右宽的“暖”和左宽右窄的“刮”为例，引导学生观察生字结构和在田字格中的位置，感知整个字形，感受两类结构不同生字的书写方法；二描，让学生在描摹中记清生字的间架结构；三写，让学生临写与比对结合，力求写得像字帖上的字；四迁移，让学生找找还有哪些是左右结构的生字，感受它们的结构特点，举一反三，触类旁通，指导写好一个字，带动写好一类字。

五、拓展应用

了解其他小动物是怎样过冬的，可以拍下来、画下来、写下来，也可以说一说。

在周村区语文学科会执教《小动物过冬》

书田品真味，心地育芝兰

——在诵读中唤醒孩子的生命意识

近日，在文摘中看到这样一句话：“教育要培养学生面对一丛野菊花而怦然心动的情怀。”这话我很欣赏。其实，生命之于自然，无关大小。况且，当我们对那些“小生命”投以情愫的时候，这本身就是大情怀。爱因斯坦说，把一切忘掉，剩下的便是教育。这“剩下的”到底是什么？不同的人或许有不同的理解。就我的理解，我宁愿把它视为培养学生的生命意识和善待生命的情怀，而不是其他。试想，从教育中抽出了生命教育的内容，那它还有什么存在的价值呢？因此，教育的真谛在于生命。作为一名小学语文教师，有必要挖掘课文中有关生命教育的内容，不失时机地对学生进行教育，让他们在不经意间能够怦然心动，培养学生敬畏生命、关爱生命的情怀，诵读出属于他们的生命赞歌。

一

冬天到了，爷爷给小树穿上暖和的衣裳。小树不冷了。夏天到了，小树给爷爷撑开绿色的小伞。爷爷不热了。

——人教版一年级《爷爷和小树》

突然，工人们停了下来，把排水管放在地上。在这条路应该延伸过去的地方，挺立着一棵高高的橡树。它是那么粗壮、结实、挺拔，就像草原的哨兵一样。

…………

几年过去了，一条宽阔的沥青公路从北方延伸到南方。它像箭一样笔直，但只在一个地方弯曲成马蹄形。

坐车过往这里的人不约而同地赞叹道："筑这条路的人一定有一颗高尚的心。"

——鲁教版三年级《路边的橡树》

人与树之间的关系多么亲密、和谐！人的存在不是孤立的，它有赖于其他生命和整个世界的和谐。法国学者史怀泽说："当一个人把植物和动物的生命看得与他的生命同样重要的时候，他才是一个真正有道德的人。"人并不是自然和大地的主宰者，只是它们的维护者，人应该和动物、植物平等相处。对所有生命常怀敬畏之心，我们才会感到生命的高贵与美丽。

二

我从树杈上取下两只鸟蛋，小小的鸟蛋凉凉的，拿在手上真好玩。妈妈看见了，说：两只鸟蛋就是两只小鸟，鸟妈妈这会儿一定焦急不安！

我小心地捧着鸟蛋，连忙走到树边，轻轻地把鸟蛋送还。

我仿佛听见鸟儿的欢唱，抬起头来，把目光投向高远的蓝天。

——人教版一年级《两只鸟蛋》

六月是鸟岛最热闹的时候，各种各样的鸟儿聚在一起，小岛成了鸟的世界。一眼望去，密密麻麻的鸟窝一个挨着一个。窝里窝外，到处都是玉白色的、青绿色的鸟蛋。

来岛上游玩的人很多。他们伸手就能捉到幼鸟，随处都能拾到鸟蛋，可是却没有人去碰一下，因为大家都知道鸟是人类的朋友。

——苏教版二年级《鸟岛》

"面对一丛野菊花而怦然心动的情怀"就是在乎每一只鸟儿的生命所拥有的情怀。否则，视小鸟如草芥，给鲜花以蹂躏，也失去了人的生命价值。当一个人面对弱小生命无丝毫怜爱之情时，你能指望他尊重所谓的"大生命"乃至人类吗？一个人个性的完善还在于情感的丰富，尤其是触景而生的怜悯、感伤、敬畏、震撼等，都是生命个体走向成熟的重要标志。没有感伤易生冷漠，没有怜悯难生同情，没有敬畏难有对道德的遵守。

三

考察队员在朱鹮的巢边搭起了窝棚，忍受着风吹雨打、日晒虫叮，精心地观察，守护着这几只朱鹮。在考察队员的悉心照料下，一对朱鹮开始产卵孵化下一代了。终于，四只活泼的小朱鹮钻出蛋壳，来到世界上。一只小朱鹮因为体弱的缘故，被挤出了鸟巢，掉在地上，它的父母在树上哀鸣，却无力相助。考察队员趁成鸟觅食的时候，将它送回鸟巢。但不久，它又被挤出来。考察队员决定人工饲养这只小朱鹮，小光和伙伴们也挖来田螺、泥鳅，捉来小鱼、小虾喂它。这只小朱鹮健康地成长着，后来，被送到北京动物园展出。

——北师大版四年级《朱鹮飞回来了》

有一年春天，在欧洲瑞士的一个车站，一列漂亮舒适的空调列车正准备启程，站台上站满了送行的人。他们送的是一批特殊的客人——燕子。燕子是候鸟，能长途飞行，怎么还用专列送呢?

事情是这样的：这年春天，成千上万只燕子从南方飞回北方时，在瑞士境内遇到了麻烦。当地气温骤降，风雪不止，几乎所有昆虫都被冻死了。燕子经过长途跋涉已经非常疲劳，再加上找不到食物，饥寒交迫，濒临死亡。瑞士政府知道了这个情况，决定用火车把这些燕子送到温暖的地方。

——鲁教版三年级《燕子专列》

生命教育不是一句口号，需要尊重每一种生物的生存权利，哪怕它只是一只无关紧要的小蚂蚁、一棵微不足道的小草。尊重生命、尊重他人，也尊重自己的生命，是生命进程中的伴随物，也是心理健康的一个条件。生命的舞台是如此辉煌、如此可爱，要告诉我们的学生，让他们从小懂得热爱生命、感受生命。人类应该与动物和谐相处，人性的光芒不仅要照亮整个人类社会，还要照亮林林总总的动物世界。

四

在春天的深处，安静细细地感受着春光。许久，她张开手指，蝴蝶扑闪着翅膀飞走了，安静仰起头来张望。此刻安静的心上，一定划过一条美丽的弧线！蝴蝶在她八岁的人生划过一道极其优美的曲线，述说着飞翔的概念。

——鲁教版四年级《触摸春天》

看了一会儿，我忍不住走过去对小男孩说：“水洼里有成百上千条小鱼，你是捡不完的。”

“我知道。”小男孩头也不抬地回答。

“那你为什么还在捡？谁在乎呢？”

“这条小鱼在乎！”男孩一边回答，一边捡起一条鱼扔进大海。他不停地捡鱼扔鱼，不停地叨念着：“这条在乎，这条也在乎！还有这一条、这一条、这一条……”

——西师大版三年级《这条小鱼在乎》

教育的根本目的就是要使学生成为一个完整的人。北京师范大学教育学院教授肖川对此做出了形象的解答：“所谓完整的人就是与世界有着丰富关系的人，可以称之为有内心世界的人。”生命教育就是要培养我们每一个人成为一个积极的、乐观的、主动的、自信的、开朗的、友善的个体。生命教育旨在帮助人们更好地理解生命的意义、生命的质量和生命尊严的意识，使学生拥有一个美好的人生。

另外，小学语文教材中呈现的人与人之间相互尊重和关爱的文章更是不胜枚举，如四年级的《地震中的父与子》、三年级的《中国国际救援队真棒》和《跨越海峡的生命桥》等，这些都是对学生进行生命教育的好材料。

总之，教师在课堂上关注知识、能力的同时，不要忘记对学生进行人文情怀的培养，要教会学生尊重自我、尊重他人，敬畏世间一切生命，在不间断的诵读中孕育成长之歌。

清澈的爱，只为中国

——《一面五星红旗》教学设计

一、教学目标

1. 在朗读中认识“愣”“奈”“凝”“竖”“嫌”等16个生字，会写14个生字，重点指导写好上中下结构的“鼻”字。

2. 通过正确、流利、有感情地朗读课文，从人物的外在神情、动作中读懂人物内心情感的变化。

3. 理解课文内容，体会“我”对国旗的尊敬和热爱，感受到面包店老板对“我”的敬重和理解。

二、教学重难点

教学重点：感受“我”的爱国之情。

教学难点：学习用外在动作表达人物内心情感的写法。

三、教学过程

（一）渲染导入，揭示课题

1. 师：同学们，你们对五星红旗有哪些了解呢？

学生谈到升旗时出示儿歌《升国旗》，诵读回味。

2. 师：你们对五星红旗的了解可真不少，但还有许多你们没有了解到的，我们一起来看：奥运会上，中国选手获得冠军，他们身上披的是五星红旗；“神七”问天，宇航员出舱时，手中挥舞的是五星红旗；“蛟龙”号下海，在深海大洋底插下了一面五星红旗；冰天雪地的南极科考站上方飘扬的是五星红旗；重要的国际场合、国际会议都会飘扬起五星红旗。因为，五星红旗是我们的国旗！

一起读出“资料袋”的句子：国旗是中华人民共和国的象征，任何组织和公民都要尊重与爱护国旗。

师：再一起读课题：《一面五星红旗》。

（二）检查预习，自主学习

1. 小组合作，组长检查词语认读情况。

假日　筏子　变窄　脖子　一段河面

漆黑　壮胆鼓劲　无影无踪

醒来　一座小镇　一脸无奈　耸鼻子

犹豫　换面包　愣了一下　久久地凝视

嫌少　趔趔趄趄　竖起大拇指

2. 汇报词语学习情况。

在读词语时理解“趔趔趄趄”，观察字形，了解与意思的联系之处，鼓励学生联系上下文和结合生活实际理解。

3. 概括文章主要内容。

提示课文内容根据时间可以划分为三部分：漂流失事，迷路；进入小镇，拒绝交换；昏迷，赢得赞扬。引导学生既要概括全面，又要语言简洁。

（三）品词析句悟情，感受爱国之情

师：通过预习你会发现，课文中有很多语言描写，但是文中“我”的语言却一句也没有。那么，你是从哪些语句中感受到“我”对五星红旗的情感？是一种怎样的情感？请在文中画出有关句子，在旁边写下批注。

随机交流，预设：

1. 我犹豫了一下，把国旗慢慢解下来，再展开。（慢慢解）

2. 我愣了一下，然后久久地凝视着手中的五星红旗。（久久凝视）

3. 我把国旗从旗杆上抽下来，系在脖子上。（系在脖子上）

4. 我摇摇头，吃力地穿上大衣，拿着鲜艳的国旗，趔趔趄趄地向外走去。突然，我摔倒在地上，就什么也不知道了。（动作）

5. 在我床头的花瓶里，有一束美丽、芬芳的鲜花，花丛中插着那面心爱的五星红旗。（心爱）

（四）紧扣语文元素，抓点提升

1. 出示学生找到的句子。

师：我们学过很多刻画人物的方法，有语言描写、动作描写、神态描写、心理描写、外貌描写。大家快速读读这几句话，在写作方法上有什么共同之处？（动作描写）红色显示所有动作词。

2. 通过练习，体会心情。

填空补白：

“我”犹豫了一下，想：________________

“我”一边展开国旗，一边想：________________

“我”愣了一下，凝视着国旗想：________________

“我”趔趔趄趄向外走时，心里想：________________

3. 口头表述后总结：通过外在行动描写体现人物内心的情感。

4. 迁移写法，练笔运用。

A. 通过商店老板的动作感受他的内心想法。

B. 小练笔：这里有一本书，你怎么通过动作来表现内心对它的喜爱呢？

习字得法，墨香清远亦育人

——习字教学的尝试与探索

《义务教育语文课程标准（2011年版）》中指出："按照规范要求认真写好汉字是教学的基本要求，练字的过程也是学生性情、态度、审美趣味养成的过程。每个学段都要指导学生写好汉字。"

清代书法家朱和羹说："书法不过一技耳，然立品是第一关头。品高者，一点一画，自有清刚雅正之气。"刘熙载在《艺概》中也讲道："书也者，心学也；写字者，写志也。"写字教学不仅是掌握方法、训练技能、形成习惯的过程，还是磨炼意志、陶冶情操、学习做人的过程，习字得法亦育人。

一、入静：静心专一抓落实

课前你追我赶、打打闹闹，走进课堂也是心浮气躁。《庄子》云："无视无听，抱神以静，形将自正。"我们写字前先静坐一分钟，落实"头正、肩平、臂开、足安"，不摇不晃，不言不语，静听舒缓的《渔舟唱晚》，心自然就慢慢静下来。

周村区实验学校每天中午有15分钟的练字时间。随着学校广播传出悦耳的童音："练字时间到了，请大家端正坐姿、正确执笔、保持安静。"舒缓优美的古典音乐袅袅响起，学生渐渐开始一分钟入静，随后在教师的指导下开始习字，"大哥二哥对齐捏，三哥笔下托；四弟五弟下面藏，笔杆斜后靠。""胸离桌子一拳远，指离笔尖一寸远，眼离本子一尺远。"学生在口诀吟诵中进入了宁静、平和、愉悦的书写氛围中。当学生完全陶醉在书写中时，他们会集中注意力，凝神静气，长期下来，练出了恒心，铸就了毅力。

坐得端端正正的学生，或定睛观看电子书《诵读与写字》的名家指导，或低头一笔一画认真描摹范字书写。教师则轻轻走到学生身边，或就笔画笔顺、间架结构等进行写字技巧指导，或在写得好的字旁画一朵小花激励赞扬……师生共同摒弃浮躁杂念，静心学书，在严谨而浓厚的书写氛围中铸就书写的自信。

二、入情：激情激趣促熏陶

我们常说“字如其人”“字正人正”，写字的过程就是育人的过程。我们在教学字的主从、收放、疏密、避让、呼应等结构关系中品悟为人处世原则。如“人”字的写法，左一撇，右一捺，你是这一撇，那么一捺就是家人、友人，甚至是陌生人，是他们支撑着你，使你成为完整的人。撇捺要相互依托、相互依靠，不可分离。再如“足”字，作为独体字，它自个儿多么逍遥自在，可是变成偏旁，和朋友站在一起、坐在一起，它就要穿插避让，收起自己长长的捺脚，就像学生和同桌共用一张桌子，也要相互谦让，彬彬有礼。写字要横平竖直，横画像肩膀，谁愿意长个歪肩膀头？竖画就如同我们要站如松，挺秀刚劲，谁愿意歪歪扭扭像棵草呢？合体字中通常要遵循上让下、左让右、小让大的原则，这不正如同学之间融洽相处吗？在长期的讲解熏染中，字一笔一画写好了，品德立人也一点一滴水到渠成。

《义务教育语文课程标准（2011年版）》指出，应让学生“初步感受汉字形体美”，“在书写中体会汉字的优美”，“体会书法的审美价值”。课尾或写字前，让学生欣赏一小段名家作品，有时是硬笔书法作品，如邹慕白、田英章等名家书写的唐诗宋词；有时是毛笔书法作品，如柳公权的《玄秘塔碑》。在多变的书体、凝重与飞动的气韵中感悟汉字之美，在笔画的长短、粗细及笔画之间俯仰、呼应、避让等关系中回味教师所讲的写字技法。赏析的作品中更不乏经典诗词和历史名句，像“宝剑锋从磨砺出，梅花香自苦寒来”“淡泊明志，宁静致远”，既能丰富学生的积累，开阔视野，亦能给他们的为人处世以启迪。同时，教师在课堂上经常给学生讲历史上书法家练字的故事，如怀素练字写穿木板、欧阳询流连观碑三天三夜、米芾五两银子买纸等故事，一方面让学生在单一而略显乏味的习字过程中得到适当的情绪调节；另一方面也可以让他们从书法家坚持不懈、勤学苦练的品质中受到教益，感悟到习字不仅要动笔，更要用心，产生潜心模仿古人刻苦练字的愿望。

心理学研究表明，学生一旦有了学习兴趣，就会产生渴望，获得不断探索、如饥似渴的动力。而发挥评价机制的激励功能，则更加增强了学生持续练字的内驱力。所以，习字过程中我们经常组织开展各种写字比赛，激发学生兴趣，满足学生被他人认可的高层次需要。我们每个学期都会组织学生进行硬笔书法比赛，低年级是成语摘抄比赛；中年级是经典诗文摘抄评比；高年级是与现场写作相结合，评选“写字之星”，与写字作品一起张榜公示于校园内。教室墙壁、教学楼内走廊以及校园宣传栏内都开辟书法专栏，张贴学生优秀作品，这无疑是一份崇高的奖赏，让学生在树立自信的同时，更清楚地看到“人外有人，天外有天”，杜绝沾沾自喜的小情绪，踏实学习。

三、入心：让身教重于言教

对学生书写作业的高标准、严要求更让学生在恒定、规范的书写中学会努力，学会坚持。无论是课堂作业还是家庭作业，每天都会分小组评选出“星级作业”，根据书写的美观、整洁和认真程度，评价为“☆☆”“☆”和“有待整改”。“☆”积攒到一定数量可以换取班级量化星，贴在教室墙壁的个人表现量化专栏内，并且可以优先评选“书香少年”。同样，对于书写潦草、敷衍了事的学生，要在指定“小老师”的监督下，每日练字一行整改。

“打铁还需自身硬。”要想让学生的书写工整、规范，教师首先要写一手好字。学校倡导每天一张钢笔字，每天一板粉笔字，课堂要求书写美观合理的板书，课下书写各类规范整齐的评语，促使教师从写字的正确姿势、方法和汉字的基本笔画、笔顺、间架结构等内容练起，提高自身书写水平。教师的亲身示范对于爱模仿的学生来说，就恒定之耐心、习字之技巧都有着潜移默化的影响。教师书写的有形之美，无形中引领学生的书写水平不断提升，使写字育人因此而其乐融融。

四、入境：环境浸染化于心

我们教学楼台阶上每隔几阶必有一条关于写字的标语，如“写堂堂正正方块字，做踏踏实实中国人”“笔勤手快，多练手巧”“写字三分正，做人七分稳”“习字认真切勿止，提笔即是练字时”“心静易得好字，心躁难获美书”，校园处处散发着翰墨香氛，不仅提示着学生习字方法与技巧，也提醒学生的习字态度与价值观，行走其间，默诵于口，内化于心，必将外显于行。

任何一个好的习惯，一种好的技能的养成，都需要长期的训练和督促检查，习字育人亦如春风化雨，润物无声，需徐而图之而不能急功近利。我们应当将习字练功与立德树人紧密联系在一起，让学生“写堂堂正正方块字，做踏踏实实中国人”！

在识字中促进识字

——《酸的和甜的》习字评价研讨课例

一、教学目标

1. 认识10个生字，写好反犬旁和3个带反犬旁的生字。

2. 正确、流利、有感情地朗读课文，感悟课文要讲述的道理。

3. 知道狐狸为什么说葡萄是酸的。

4. 初步了解词语“酸”和“甜”蕴含的感情。

二、教学重点

写好带有反犬旁的一类字。

三、教学难点

明白狐狸为什么说葡萄是酸的。

四、教学过程

（一）初读感知

1. 师：今天我们一起学习一篇童话故事《酸的和甜的》，齐读课题。

师（指“酸”“甜”）：你发现这两个词有什么共同点？（都是表示味道）你能把题目里这两个表示味道的词读出不同的语气吗？

师：瞧，有的同学读到酸都皱起了眉头。

2. 师：课前大家都预习了课文，展示一下你读词语的水平吧。

出示：酸的、葡萄、狐狸、一串串、馋、寻食、迫不及待、硬说、告诉。

师：和同桌说说你是怎么记住这些生字的。

3. 师：生字都认下来了，课文一定能读得更流利。你平时喜欢听故事吗？讲故事的人怎么给你讲你才愿意听呢？我们现在就练习像讲故事一样把课文再读一遍吧。

（二）精读典型段落

师：随着大家悦耳动听的讲述，让我们一起去葡萄架下看看正在发生的故事吧。

1. 出示：一只狐狸要找吃的。它来到葡萄架下，望着那一串串（熟透的）葡萄，馋得直流口水。

师：与课文原文比较，你有什么发现？不加“熟透了”这个词行吗？没熟透是酸得流口水，熟透了是馋得流口水。你怎么读？

2. 师：除了馋得流口水，狐狸还干了什么？

出示：狐狸一会儿转来转去，一会儿跳起来摘葡萄，可是一颗也没摘到。

师：从“转来转去”“跳起来”你体会到什么？

师：对，它很想吃，很努力地去够。你能读出它的努力吗？（指读）

师：如果你是这只狐狸，你这么卖力地去摘葡萄，居然一颗也没得到。你心情怎么样？（不甘心、不好受、难过、生气）

师：是啊，自己经过了努力却没有得到应有的收获，心里明明不好受，却偏偏找借口说“这葡萄是酸的，不能吃”。

师：后来，吃不到的葡萄是酸的，这酸不仅仅是说味道，更是指心情。瞧这个句子：“站在运动会第三名的领奖台上，看着同学手里的冠军奖杯，我的心里酸酸的。”

3. 师：品完了狐狸的酸，我们再看看小猴子的甜。

出示：小猴子听了，什么也没说，吃起葡萄来。

　　　小猴子听了，什么也没说，大口大口地吃起葡萄来。

师：读一读，这两个句子有什么不同之处？读起来有不同的感受吗？

师：这“大口大口地”一下子就让我们感受到，架子上的葡萄——

出示：啊！真甜。

师：小猴子自己动手品尝到了劳动成果的香甜。后来，甜也经常用来形容人的心情。看看这个句子，你能填上个带“甜”字的词语让它的意思变完整吗？

出示：今天，妈妈夸奖了我，我的心里＿＿＿＿＿＿＿＿＿＿。

（三）利用“课课练”习字指导，学写生字

师：自己动手的劳动成果最香甜。接下来，我们来采摘一些汉字的果实吧。

师：看，“狐狸”这两个字都有反犬旁，你还能说出几个带有反犬旁的字吗？反犬旁的字多和动物有关。

执教《酸的和甜的》

师：要想写好这几个字，首先要把反犬旁写准确、写到位。同学们来仔细观察一下组成反犬旁的三个笔画的形状、位置。

自由交流，展示方法：两撇短而有力，弯钩略带弧度，撇与弯钩交叉点，对齐弯钩顿笔处。范写，书空。

师：写好了反犬旁就成功了一半，再来看左右结构的字，右边部分为了配合左边的部首，往往有一个笔画要注意穿插避让，要特别注意这几个笔画（“狐”字的“丿”，“狸”字的“—”，“猴”字的“丿”）。

（四）展示评价

投影展示，学生再写两个字，对照修正。

指向核心素养的童本视角学识字

——以二教《酸的和甜的》为例谈识字教学

全国小语会理事长、人民教育出版社小学语文室主任陈先云提出小学语文核心素养的“四大清单”，即“理解、运用、思维、审美”四个维度。在小学语文课堂教学中，离不开理解、感悟、积累、迁移等实实在在的运用语言文字的训练，这些既是能力训练，又是文化熏陶，还是一种习惯、素养的生成。低年级识字、写字教学，正是要针对学生核心素养进行教学的有效活动。

下面我以《酸的和甜的》为例，谈谈在识字教学中小学生语文核心素养的培养。

一、随文识字助理解

所谓“理解”是指能读懂文本的主要内容，了解文本表达上的特点，知道积累优美的、有新鲜感的语言材料，具有初步的语感。《义务教育语文课程标准（2011年版）》明确指出：识字、写字是阅读和写作的基础，是一至二年级的教学重点。教材中课文的设计为学生提供了学习汉字的语言环境，目的是在具体的语言环境中，让学生学习汉字，感受汉字的形体美，激发学生学习汉字的兴趣，规范并丰富学生的语言素养。

针对低年级学生的年龄及学习特点，我运用“随文识字”的方法，在教学中边学文边识字，字不离词，词不离句，句不离篇，将识字任务贯穿于课文的学习中，不断提高汉字在学生头脑中出现的频率。学生面对的生字都不是孤立的，要因地制宜，赋予生字一个具体的环境。例如，在引出课题《酸的和甜的》后，用“酸”和“甜”对比识记“酸”；开始部分出示葡萄架图片，引导学生识认“葡萄”并读准字音；在句子“一串串熟透了的葡萄”中指导识认汉字“串”，“串”是象形字，我引导学生根据字形去识记，有些学生把该字想象成冰糖葫芦、羊肉串等，学生在学习中感受到了象形字的特点，初步学会象形字的识记方法，在轻松的环境中记住了这个字的写法；在识记“猴”“狐”“狸”3个生字时，从认识小动物，到随文认识小动物，再到读句子，生字反复出现加强了学生的记忆，激发了学生认读的兴趣，促进了学生的理解。

二、生活资源促运用

所谓“运用”是指能根据具体语境和任务要求，在口头语言和书面语言表达中尝试着运用自己获得的语言活动经验，交流顺畅，文从字顺。语文学科是和生活紧密相融的。对处于小学阶段的学生来说，生活是语文学习的丰富营养，学生学习需要依赖现实的生活，在生活中得以体验、强化和巩固。《义务教育语文课程标准（2011年版）》指出：“结合上下文和生活实际了解课文中词句的意思，在阅读中积累。”可见，在教学中有效利用生活资源学语文，就会很自然、很真切，有助于学生语文核心素养的形成。

教学中，我借助生活场景，让学生在联想和对比中有效积累、感悟语言。例如，在引出课题“酸的和甜的”后，与学生展开交流：“生活中你吃过哪些酸的食物，哪些甜的食物？”结合生活情景，想象“酸”“甜”，对比识记“酸”；结合语境“一串串熟透了的葡萄”，进行“串”的联想：“生活中还可以用‘一串串’描述什么？”让学生联系生活描述：一串串糖葫芦、一串串烤肉等。我进而出示图片“一串串漂亮的紫藤花”“一串串火红的灯笼”“一串串晶莹的珍珠项链”和“一（　　）洁白的云”“一（　　）笔直的小树”“一（　　）可爱的笑脸”“一（　　）（　　）的落叶”进行语言的积累和训练，感受用相同的或不同的词语可以描述不同的或相同的事物，体会语言的奇妙；把“迫不及待”“大口大口”两个词语的训练放在重点句子中，朗读体会时，让学生根据生活经验，运用表演去学习、理解和运用。

三、情境创设激思维

所谓“思维”是指学生能在阅读、表达等语言活动中主动思考，能运用想象与联想形成对客观事物的初步认识、对语言和文学形象的初步认识，具有初步的评判意识。在本课中，我请学生换位思考，体会心情："如果你是这只狐狸，你这么卖力地去摘葡萄，居然一颗也没摘到，你的心情怎样？谁能一边想象狐狸的样子，再来完整地朗读一下这个自然段？"最后，我问同学们："我们了解了故事的主要内容，还认识了这么多的小动物，你想向谁学习？为什么？"课后，我布置了拓展阅读：出示《狐狸和乌鸦》阅读材料，请学生自由读，读完小故事后，请同桌之间互相说说这个故事讲了一件什么事，通过读故事学到了什么，并与同伴进行分享。

"纸上得来终觉浅，绝知此事要躬行。"语文是一门实践性很强的学科，教学中巧妙借助情境的创设，让学生身临其境，通过问题激发学生思考，引领学生充分体验角色感受，可以潜移默化地发展学生的思维品质，提升学生的语文核心素养。

四、口诀儿歌利审美

所谓"审美"是指学生感受到汉字之美，具有热爱祖国语言文字的情感；感受人性之美，具有初步的审美体验。

运用口诀儿歌指导学生书写，不仅能让学生体会到书写的妙趣，还能写正确、写美观。书写"狐""狸"2个生字时，"犭"是学生写字的一个难点，可以巧用口诀出示"犭"的写法："两撇短而有力，弯钩略带弧度，撇与弯钩交叉点，对齐弯钩顿笔处。"这样为书写美观这两个字打下了基础，接着总结左右结构生字的写字规律："体型窄，左边站。右边宽，要舒展。笔画穿插不分家，左右谦让才美观。"这样，学生会观其形、忆其构、感其美、乐无穷。

语文教学要注意保护好学生的天性，如好奇心、可塑性、善模仿、喜探究等。语文核心素养的形成过程，主要是习得的过程，习得过程不是一次能够完成的，而是要经过多次培养、反复训练。将语文学习放置在精心选择、巧妙设计的环境之中，拾级而上，方能尽览无限风光，体验其中的趣味，才能有效地激发学生参与学习的内在需求，彰显语文的教学特质和学习味道，学生才会学有所得、学以致用，语文核心素养的培养自然会水到渠成。

成长，来自改变

——《没头脑和不高兴》整本书阅读交流指导

一、图书内容简介

“没头脑”和“不高兴”是两个主人公的外号。没头脑不是不聪明，只是做事马虎，常常丢三落四；不高兴不是不会笑，而是固执任性，总不愿意与他人协调配合。没头脑当上工程师以后，设计了一座三百层的摩天大厦做少年宫，却忘了设计电梯，到二百二十五楼去看场戏，得背上干粮、被褥，上下一次要一个月。不高兴跟人搭档演“武松打虎”，扮演老虎，却总不按照剧情的要求被武松打死，结果急煞了台下看戏的小朋友。

二、图书阅读要点

1. 感受儿童文学的教育意义。《没头脑和不高兴》运用童话的方式温和地提醒学生好习惯要从小养成，简单的情节，不简单的道理。没头脑的丢三落四、不高兴的任性别扭，让他俩遭遇了各种考验，吃了些小苦头，而最终也让他们明白了事理，改过自新。

2. 感受个性鲜明的人物形象。没头脑“记什么都打折扣”，丢三落四、粗心大意，不高兴“就喜欢做别人不愿意他做的事”。这些小缺点可能很多学生身上都有，作者用幽默的语言、夸张的情节将其放大化，他笔下的这两个“活宝”让几代人都笑破了肚皮。

3. 体验想象的奇特。瞬间长大的成人世界里，仍然是糊里糊涂的没头脑，依旧是别别扭扭的不高兴。作者任溶溶爷爷运用夸张和大胆的想象，把大人和小孩都带进了一个妙趣横生的童话世界。

4. 学习明快浅近的语言。语言浅近易懂，用“我”的语气叙述着近乎大白话的日常用语和新鲜词汇，整部作品情节活跃、富于变化，是适合低学段学生阅读的文学作品。

三、阅读教学目标

1. 交流各自的阅读情况。

2. 借助阅读工具，进行整本书的方法指导，使学生有效地进行课外阅读。

3. 通过阅读，对学生进行思想教育，明白如果从小没有养成好习惯，长大就做不了大事的道理。

四、版本选择

市面上版本很多，常见的有三种：第一种是基于美术动画片的彩图版，这个版本最受低年级学生欢迎；第二种和第三种的区别在于有没有拼音，都是合集，收录的故事也大致相同。几个版本的情节略有不同，阐述主题一致，借助阅读工具放手让学生自主阅读，可以不受版本的限制。

五、阅读准备

设计阅读单，启动阅读时发给学生。

六、阅读活动

（一）封面封底，走近作者，读序言和后记

这些环节可以在单独的导读课上进行。

师：我们看一本书要从封面读起。只要仔细观察，你会在封面（封底）上发现很多信息。仔细观察，你在封面与封底上都发现了什么？

出示简介，有的书封二、封三带着对作者的介绍，可以直接让学生交流。不是单独一个故事的版本都有目录，还有的图书带着序言和后记，也让学生认识一下。

【设计意图】边阅读边推断，意味着这是在主动阅读，因为推断的结论来自书中的线索、证据和自己的思考，读封面、读目录、读序言这些环节放在启动阅读的时候用。

（二）读人物

人物的性格，需要通过那些发生在主角身上的事情来体现。

通常在课堂上，我们一般会先设置悬念——没头脑和不高兴到底是怎样的人？再出示部分情节解答并吸引学生，在问答中归纳人物特点。

借助阅读工具，完全可以放手让学生自己去感受人物。以感受没头脑这一人物形象为例。

1. 利用人物性格特征关键词图谱，根据自己阅读所得后对人物的总体印象，筛选关键词。

师：读完故事，你觉得可以用哪些词来形容没头脑呢？如果你发现书里有更合适的词语，可以在一边补充。

2. 写出主要人物的主要事件。

师：那么，同学们，你还记得发生在这些主角身上的重要故事吗？

3. “人物的总体分析”和“遇见主角”都有助于通过人物外在的言行分析人物的性格特点。对于二年级的学生来说，对人物的总体分析人形图可能更感兴趣一些。在这张分析图中，“他的优点和特长”这一问题可以引领学生从只关注没头脑丢三落四的缺点中跳出来，发现其实他还有很多优点。比如“下课了，没头脑趴在课桌上专心地画画。你看他一笔一画的，左想想，右想想，画得可认真了”，“没头脑辛辛苦苦画出来的画的确挺漂亮”，“没头脑设计的一千层少年宫终于动工了”，这些都是没头脑的优点，也是他将来成功的基础。原作中也有这样的描写：“没头脑在台下越看越觉得不对，不高兴的毛病正好跟自己的毛病一样，都给大家带来害处。”“让我们从头来过，得从小养成好习惯。”他能发现错误，意识到害处并及时改正，这些也是他的优点。这样一分析，学生就不会只单单注意到他的缺点了，人物形象就能丰满起来。

（三）读情节

山形图可以引导学生初步了解事件的发展，分为开端、上升发展、高潮、下降发展和结尾五部分，有利于把整个故事都复述出来，与中高年级阅读教学中的概括也是相通的。针对二年级学生还是偏向形象直观的特点，我打算用“为故事主人公写日记”的形式引导学生读情节。

还是以没头脑为例，第一次日记选取开端中忘记带东西或者画画写反字的情节，让学生以“我”的语气揣摩并记录下没头脑当时的心路历程。“我那天画了幅画，一时没注意把名字写反了，同学们都笑话我。”至于“我”是很惭愧还是不开心，还是“等我长大了做个大事给他们看看”，那就是学生个性的阅读体验了。第二次日记就是与不高兴一起变成了大人，第三次日记就是“爬行”少年宫的尴尬经历。三次日记铺陈出了事情的开端、发展与高潮。

（四）读自己

任溶溶爷爷曾说：“读书，不仅读他人的故事，还能从他人故事中读到自己。”特别在没头脑和不高兴身上，每个人都能读到自己。

师：同学们，想一想，你能从《没头脑和不高兴》这本书里读到自己吗？

（五）发现故事主题，感受教育意义

师：在你们捧腹大笑的同时，是不是会明白一些做人的道理呢？

（六）片段欣赏，发现写法

师：每一个作家，都有他自己的写作风格。我们把整本书中的七个故事读完了，你能发现任溶溶爷爷的作品在写作上有什么共同特点吗？

师：这些故事，同学们都很喜欢读，是不是觉得很好玩、很搞笑、很有趣，又引人思考呢？对了，亲切、自然、风趣、幽默，这就是任爷爷的作品特点。他在很多句子中都运用了夸张的手法，不仅好玩，而且更加形象。比如这些句子，我们一起读一读——

1. 不高兴这下乐得弹出了眼珠子。
2. 真好看，只是挺吓人的，看得我头发都竖起来了。
3. 气得我一跳八丈高。
4. 我看了他那副样子，也真要笑掉牙了……我要笑死了……

书里不仅有夸张的句子，还有夸张的情节，比如没头脑反复地敲门，泰骄傲变胖了竟然被人当成大象等，这些情节让人读起来就觉得好玩。

大家可以选择自己觉得有趣、有新鲜感的词语和句子摘录下来，也可以模仿着写一写。

（七）延伸：玩转情节，放飞想象

《没头脑和不高兴》中的那些生动有趣的故事、诙谐幽默的语言，是不是令大家难以忘怀呢？

同学们想一想：如果是没头脑去当演员演老虎，不高兴去设计少年宫，会怎样呢？不高兴为什么能和没头脑成为好朋友呢？

读章回古典名著，品传统文化“魔”力

——以中国四大名著之《西游记》为例的网课教学

师：亲爱的同学们，都听说过中国文学四大名著吧？对，它们是《西游记》《三国演义》《水浒传》和《红楼梦》，这四部著作都是章回体小说。

师：这当中你最熟悉的一定是《西游记》吧！它是明代小说家吴承恩的神魔巨作，一经问世，影响巨大。光影流转，400多年后的今天，《西游记》的影响力仍不减当年。据不完全统计，全世界范围内至少拍摄了100部与之相关的影视剧，以至于有人说：“吴承恩造福了大半个娱乐圈！”

师：大家通过影视剧、音乐作品、连环画等多种渠道对《西游记》有了很多了解，但它的原著仍然十分值得我们去读。你可知道，后世的神魔小说大多带有它的影子，它简直就是神魔小说的开山鼻祖。文字版《西游记》有16种语言100多个版本，这是中国为世界呈现的艺术瑰宝。

师：当然，看原著可不如看连续剧和动画片那么轻松，全书共计100回，众多的人物、曲折的情节、文白相间的语言都会给阅读带来一定的困难。不过，掌握几个阅读法宝，阅读章回体小说对你来说就不再是难事了。

第一个法宝：读回目。

师：《西游记》是一部章回体小说。章回体小说是中国古典长篇小说的主要形式，分章回来写，一回讲一个故事，是中国特有的文学形式。它最突出的特点是有回目，就是章回标题、分回标目，段落整齐，结构完整。

师：回目能高度概括故事的内容。借助回目，提炼要素，适当省略，就可以帮助我们概括整本书的内容。很多同学读的是青少版《西游记》，如下图所示，借助回目我们就可以梳理出整本书的主要情节。

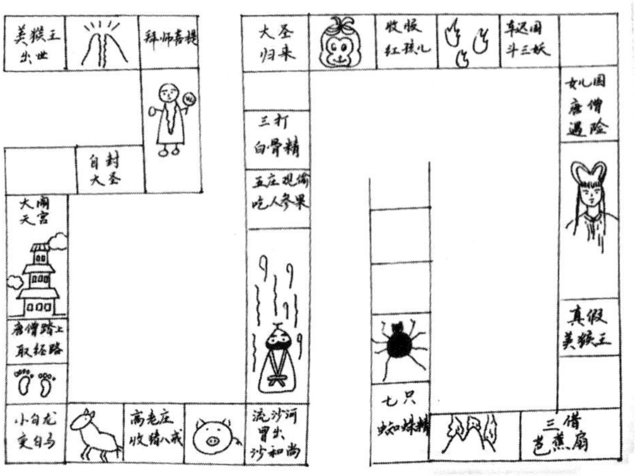

学生作品

师：原著回目更加全面丰富，现在我们来浏览一下原著的章回目录，浏览过程中哪一回的标题最吸引你呢？

师：你会发现，章回体小说的回目通常是以“人名+事件”的形式写成的。比如“孙行者大闹黑风山　观世音收伏熊罴怪”，再如“妖魔宝放烟沙火　悟空计盗紫金铃”。文章内容情节与回目两两呼应，妙不可言。同时，回目的语言对仗工整、合辙押韵。这种节奏美、音韵美，只有中国古典小说才有，是中国优秀的传统文化。

师：章回体小说的整本书阅读，是有方法的。（出示）

> 巧借回目明内容，对仗工整示关系。
> 字斟句酌品人物，反复推敲悟情节。

师：我们可以根据回目预测情节，在遇到读不懂的回目时，可以猜读。看到标题，猜猜原著的内容，然后再读原著，与自己所推测的内容比较。

师：我们来看看《红楼梦》《三国演义》和《水浒传》的部分回目，是不是也有这样的特点。（出示）

《红楼梦》目录（择选）

第一回　甄士隐梦幻识通灵　贾雨村风尘怀闺秀

第二回　贾夫人仙逝扬州城　冷子兴演说荣国府

第四回　薄命女偏逢薄命郎　葫芦僧乱判葫芦案

第二十回　王熙凤正言弹妒意　林黛玉俏语谑娇音

第三十八回　林潇湘魁夺菊花诗　薛蘅芜讽和螃蟹咏

第四十一回　贾宝玉品茶栊翠庵　刘姥姥醉卧怡红院

《三国演义》目录（择选）

第一回　宴桃园豪杰三结义　斩黄巾英雄首立功

第二回　张翼德怒鞭督邮　何国舅谋诛宦竖

第三回　议温明董卓叱丁原　馈金珠李肃说吕布

第四回　废汉帝陈留践位　谋董贼孟德献刀

《水浒传》目录（择选）

第三回　史大郎夜走华阴县　鲁提辖拳打镇关西

第七回　花和尚倒拔垂杨柳　豹子头误入白虎堂

第十回　林教头风雪山神庙　陆虞候火烧草料场

第十一回　朱贵水亭施号箭　林冲雪夜上梁山

第十六回　杨志押送金银担　吴用智取生辰纲

师："贾宝玉品茶栊翠庵　刘姥姥醉卧怡红院""宴桃园豪杰三结义　斩黄巾英雄首立功""花和尚倒拔垂杨柳　豹子头误入白虎堂"，这样一读，能更清晰地看出，章回体小说中的回目不仅点明了人物与事件，而且体现了情节的起伏曲折。

师：同时，章回体小说的回目还有一大特色，即常用其他称呼取代具体人名，有时作者会将褒贬寓于字词之中来刻画人物形象。比如孙悟空，回目中他有很多名字，其中"大圣"一词看出这个人物的不同凡响；再照应书中，孙悟空经常使用"俺老孙"这样的称呼，表现出他桀骜不驯的性格特点，符合孙悟空这样一个不屈服、敢于反抗的英雄形象。

第四回　官封弼马心何足　名注齐天意未宁

第七回　八卦炉中逃大圣　五行山下定心猿

第十八回　观音院唐僧脱难　高老庄行者降魔

第二十七回　尸魔三戏唐三藏　圣僧恨逐美猴王

第三十一回　猪八戒义激猴王　孙行者智降妖怪

师：再从大家比较熟悉的《三国演义》中浏览几个回目：第二十一回"曹操煮酒论英雄　关公赚城斩车胄"，第二十六回"袁本初败兵折将　关云长挂印封金”，第二十七回“美髯公千里走单骑　汉寿侯五关斩六将”。这里面都有同一个人——关羽，但是不同的名称多角度展现了关羽的不同特色。你可以通过回目寻找一下，哪些回目中有孙悟空的名字，分别是什么。

第二个法宝：跳读。

师：老师相信，《西游记》中那些精彩的故事一定深深地烙印在你的脑海中，下面就来考一考大家，看你们能不能根据屏幕上的插图说出相应的故事名？

师：这六幅图（图片略）描绘的是哪些故事呢？再增加点难度，你能不能按照原著中故事发生的先后顺序，给它们排排序呢？

六幅图的顺序分别是：

图2　菩提祖师三敲悟空　出自第二回　悟彻菩提真妙理　断魔归本合元神

图5　大战二郎神　出自第六回　观音赴会问原因　小圣施威降大圣

图1　大战白骨精　出自第二十七回　尸魔三戏唐三藏　圣僧恨逐美猴王

图4　大战红孩儿　出自第四十回　婴儿戏化禅心乱　猿马刀归木母空

图6　虎鹿羊三妖做法　出自第四十五回　三清观大圣留名　车迟国猴王显法

图3　真假美猴王　出自第五十七回　真行者落伽山诉苦　假猴王水帘洞誊文

师：给这些图片排序其实是有快捷方法的，就是浏览名著的回目。这种跳跃式的、有选择性的阅读方法，就是跳读。

师（屏显：跳读。跳读指快速、跳跃式地阅读文章，以了解其内容大意的阅读方法。跳读方法：主动舍弃、有意忽略、选择阅读）：我们通过跳读回目快速梳理了故事的先后顺序。除了跳读回目，根据阅读的需要我们还可以跳读书中的内容。《西游记》洋洋洒洒数十万字，写了很多降妖除魔的故事，作者在写法上习惯逢景赋诗、见人填词、打斗渲染、遇事铺陈。这类内容占了不少篇幅，其目的主要是突出人物形象、渲染环境、烘托气氛等。在阅读本书过程中，可以选择这类内容中雷同的情节跳过阅读，从而节约时间、提高效率。

第三个法宝：精读。

师：跳读只能让我们了解个大概，要想更全面、更深入地了解书中人物形象，使其形象更丰满，我们只有进入原著，采用精读的方法。

师（屏显：精读。精读是指深入细致地研读，要细腻地感受、透彻地理解和广泛地联想。精读方法：细读、精思、鉴赏）：精读往往借助细节中的语言、动作、神态、心理等描写来感悟人物特点，这些在语文课上老师都讲过，我们不再重复讲了。我们来关注一下读名著的精读角度。

1. 赏析人物的形象。

2. 品味名著精妙的语言。

3. 体会名著带给我们的启示。

师：下面我们进入精读环节，就要用到一个行之有效的方法——批注。批注是一种极好的读书方法，能深入探究故事中的人物，帮助同学们培养独立的思想和创意的思维。批注的位置可以是旁批（写在字、词、句的旁边，通常是书页右侧），也可以是尾批（批在一段或全文之后）。

常用批注符号有：①“·”标注生字、妙字；②“______”画出总括句和觉得重要的句子；③“～～～～”画出佳妙精彩句；④“△”标注需要注意的地方或发表感想处；⑤“○”段序（圈内写数字，放在段首）。

师：掌握了批注的方法，同学们就可以进行批注了。请看插图，这是哪个故事？（屏显插图“人参果”，学生猜读情节）“人参果”的故事，在《西游记》中很有代表性，场面宏大、人物丰富，作者用了三个章回的篇目来讲述，这就属于整本书中的“大手笔”了，三个回目连缀起来就讲清了故事的起因、经过、结果，内容的细致描写更值得精读。

第二十四回　万寿山大仙留故友　五庄观行者窃人参

第二十五回　镇元仙赶捉取经僧　孙行者大闹五庄观

第二十六回　孙悟空三岛求方　观世音甘泉活树

师：（展示片段）在这段描写中，体现了整本书中对话语言的一大特色，即重复的对话词语。很多角色人物的语言中都出现过，比如“难难难、莫慌莫慌、不停当不停当”，这些词语即便不用“着急的”“难过的”等词语来修饰形容，也能从中读出人物的心绪状态。

师：《西游记》语言的另一特色就是情节的重复。如第十九回，猪八戒第一次出场，孙悟空向他介绍“铁头”的来历：“你是也不知老孙，因为闹天宫，偷了仙丹，盗了蟠桃，窃了御酒，被小圣二郎擒住，押在斗牛宫前，众天神把老孙斧剁锯敲，刀砍剑刺，火烧雷打，也不会损动分毫。又被那太上老君，拿了我去，放在八卦炉中，将神火锻炼，炼做个火眼金睛，铜头铁臂。”到第五十五回，孙悟空将“铁头”事迹又重复了一遍：“我这头自从修炼成真，盗食了蟠桃、仙酒、老君金丹；大闹天宫时，又被玉帝差大力鬼王、二十八宿，押赴斗牛宫外处斩，那些神将使刀斧锯剑，雷打火烧；及老君把我安在八卦炉，锻炼四十九日，俱未伤损。”前后两处的描写，内容大致一样，但是后一次明显比前一次简洁。这段内容的重复出现，于故事本身而言，是孙悟空向新出场的角色进行身份说明；于整部章回小说而言，是对前面故事情节的回放，以便顺利地铺展新的故事内容，也便于我们厘清故事脉络，减少阅读障碍，更快地深入文本。

师：你也可以选择其他故事进行精读与批注。记得结合赏析人物形象、品味精妙语言和带给我们的启示等方面进行批注。

第四个法宝：绘制思维导图。

师：思维导图能简明扼要地构建整书的纲要，从而把书读“薄”；又可以对着画出的纲要回想起每一个条目下的知识点，再把书从“薄”读“厚”。下面就是老师为大家呈现的思维导图范例，通过这幅图，同学们就可以轻松把握这部长篇巨著的作者情况、主要人物、主要事件、文学意义等，为更深入的品读做准备。

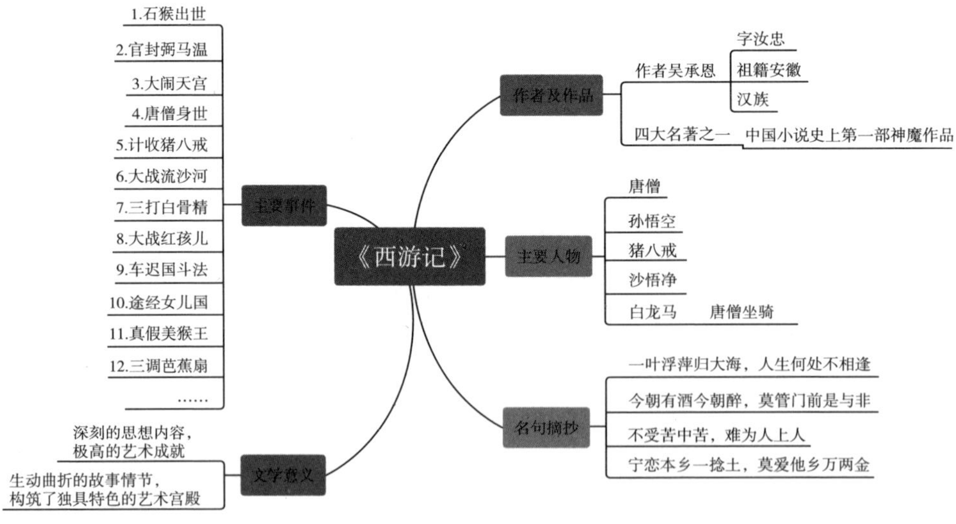

《西游记》思维导图

师：通过思维导图看西游之旅是不是趣味横生、回味无穷呢？难怪鲁迅先生评价《西游记》是“神魔皆有人情，精魅亦通世故”的神魔巨著。

师：接下来，你们可以参考思维导图中的二级目录，做一个带有自己思考的“人物事件思维导图”，可以分化出下一级目录，比如各种妖怪有哪些、他的法宝或本领是什么，还可以再分化出下一级目录，即你对他的评价是什么。

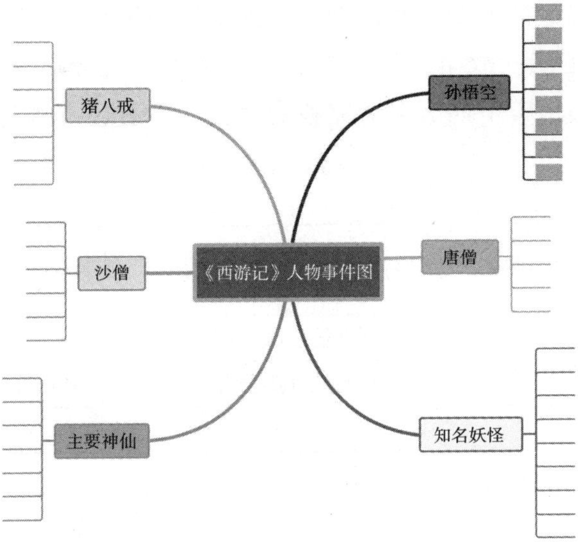

思维导图参考模板

师：当然，还可以绘制出个性独特的思维导图，把自己心中所想告诉大家。

提示：思维导图可以是对整本书的介绍，也可以是单个故事的纲要；可以是对某一个人物形象的品读感受，也可以是对群体人物形象的归纳总结；可以是对某个专题的探究汇总，也可以是对课外拓展的整理总结。

师：了解了思维导图、回目、猜读、跳读、精读与批注，是不是觉得脑子里满满的了？下面我们进入“西游聊吧”，来聊些轻松的内容，这些可都是《西游记》里值得分享的传统文化。

1. 奇妙的数字三。

师：回顾这几个值得精读的章回的大场面，你有什么发现？与红孩儿之战，第四十回一战孙悟空师兄弟助战，第四十一回二战带了龙王来降雨，第四十二回三战请来了观音菩萨，三回连起来就是三战红孩儿。火焰山借芭蕉扇——三调芭蕉扇。再看大战白骨精——三打白骨精。是的，都有“三”！在《三国演义》有这样的情节吗？也有（出示下图回目）。《水浒传》中呢？也有（出示下图回目）！这可真是奇妙的数字三啊！为什么要二战、三战？二打、三打？为什么不写一次呢？一次就赢不显得本领更高强吗？

师：如果细致地读一读，你会发现这类三次的描写，内容是层层深入，矛盾是不断激化，情节是不断推进，这种写作手法叫作“反复叙事”。这种写法的好处是能使故事一波三折，引人入胜，是章回体小说常用的方法。你可以再去检索下四大名著完整的回目，看看还有哪些带有“三”的故事。

《西游记》
三打白骨精
三调芭蕉扇
三战红孩儿
……

《三国演义》
陶恭祖三让徐州
刘玄德三顾草庐
孔明三气周公瑾
……

《水浒传》
施恩三入死囚牢
宋江三败高太尉
宋公明三打祝家庄
……

含有“三”的回目

2. 奇妙的数字处处都在。

师：我们来看看孙悟空的如意金箍棒，你知道有多重吗？对，有一万三千五百斤！为什么是一万三千五百呢？据说这个数字和人一昼夜呼吸的总数是相对应的。你若不信可以亲自数数。我国古籍《内经》中有记载：“人一呼脉行三寸，一吸脉行三寸，呼吸定息，脉行六寸。人一日一夜，凡一万三千五百息。”其中有中国传统的哲学意义：金箍棒上的数字预示着孙悟空修炼心法的小窍门，即调整呼吸、控制情绪、平和心态。

3.《西游记》是一块神奇石头的奇妙旅程。

第一回　灵根育孕源流出　心性修持大道生

海外有一国土，名曰傲来国。国近大海，海中有一座名山，唤为花果山。那座山正当顶上，有一块仙石，其石有三丈六尺五寸高，有二丈四尺围圆。四面更无树木遮阴，左右倒有芝兰相衬。盖自开辟以来，每受天真地秀，日精月华，感之既久，遂有灵通之意。内育仙胞，一日迸裂，产一石卵，似圆球样大。因见风，化作一个石猴。

师：说它奇妙，是因为在四大名著的另一部作品《红楼梦》中也有这样一块石头。

《红楼梦》第一回　甄士隐梦幻识通灵　贾雨村风尘怀闺秀

原来女娲氏炼石补天之时，于大荒山无稽崖炼成高经十二丈，方经二十四丈，顽石三万六千五百零一块。娲皇氏只用了三万六千五百块，只单单剩了一块未用，便弃在此山青埂峰下。

师：这两块石头的数据居然如此巧合，对应了一年365天，对应了一年12个月，还对应了一年24个节气。你看出其中的数字之妙了吗？怪不得能受天地灵秀、日月精华呢！

4.《西游记》是神魔小说，妖怪众多，书中出现最多的妖怪是哪一种？最厉害的妖怪是谁？最穷的妖怪是谁？

师：如果你做个统计的话，就会发现，《西游记》中涉及动植物成精的，种类最多的是牛，其次是狮子。狮子精很多是容易解释的，毕竟狮子是古代人最熟悉的猛兽之一。那么，牛精是怎么回事呢？牛在中国文化中是勤劳的象征。古代人们就利用牛拉动耕犁来整地，后来人们知道牛的力气巨大，开始用于农耕、交通甚至军事领域。牛的力量使它成为一种男性化和超自然化的动物图腾，为我国古代广大人民所接受，牛成为妖怪意象就不足为奇了。至于其他答案，需要你自己去探寻，你还可以提出更多问题和小伙伴一起探究。

师：不过，不管是神仙还是妖怪，可以按照你给它们划分的厉害等级来为它们做一副扑克牌，这一定是个很好玩儿的游戏。

5.《西游记》是一幅瑰丽的盛唐气象地图。

师：全书有许多奇怪的地名、奇妙的地理环境，是作者吴承恩真的去过还是根据他奇特的想象凭空出世？这就得益于真实的历史事件了。玄奘是唐代的高僧，也就是唐僧的原型。他远赴印度求佛学（地图略），历时十七年，行程数万里学成回国。他著有记录取经途中风土人情的《大唐西域记》，弟子们又编写了《大慈恩寺三藏法师传》，被梁启超誉为“古今传记第一”。吴承恩就是根据玄奘的故事演绎出神魔小说《西游记》。习近平总书记多次在国际活动场合提到：“中国唐代玄奘西行取经，历尽磨难，体现的是中国人学习域外文化的坚韧精神。”

师：《西游记》老少咸宜，深受喜爱，各方解读层出不穷。大家可以借助他们的想法，加深对《西游记》的理解。你准备好了吗？来说说哪种解读更得你心！

（课件展示书评内容）

《西游记》一书，自始至终，皆言诚意正心之要，明新至善之学，并无半字涉于仙佛邪淫之事。或问《西游记》果为何书？曰实是一部奇文、一部妙文。

——清代学者　张书绅

没读过《西游记》，就像没读过托尔斯泰或陀思妥耶夫斯基的小说一样，这种人侈谈小说理论，可谓大胆。

——法国当代比较文学家　艾登堡

吴承恩撰写的幽默小说《西游记》，里面写到儒、释、道三教，包含着深刻的内容，是一部寓有反抗封建统治意义的神话作品。吴承恩本善于滑稽，他讲妖怪的喜怒哀乐都近于人情，所以人人都喜欢看。

——现代思想家、文学家、革命家　鲁迅

师：你有什么心得、看法，也可以这样以评价的方式记录下来。

师：读诗读词读神魔，读山读水读灵怪。《西游记》中还有许许多多有趣的文化等待我们去探究、挖掘其中的奥妙和乐趣。

师：同学们，名著是“具有推崇价值的有名的作品”。经典名著的价值在于典范的语言，在于精彩的故事，在于典型的人物，在于深刻而独到的主题。

师：名著给予心灵以滋养。让我们一起在经典名著的殿堂里领略名著的魅力，汲取智慧，净化心灵，丰富精神，愉悦人生。

文不求甚解，入境始与亲

——《一件运动衫》教学设计

一、教学目标

1. 有感情地朗读课文，体会人与人之间的真诚和关爱。

2. 用比较快的速度默读课文，了解课文大意。

3. 关注细节，体会课文重点内容在表达上的效果。

4. 初步了解小说构思巧妙的特点。

二、教学过程

1. 反馈交流预习情况，概括文章主要内容。

“我”为邻居康威老人送鞋到镇上修补的时候，买了一件漂亮的运动衫；当“我”得知老人的鞋不能再修补时，“我”用运动衫换了一双新鞋送给老人；没想到，老人用一条小狗换了一件运动衫送给“我”。

2. 师：同学们，这是什么样的一件运动衫呢？你能从文中找出描写运动衫的句子读一读吗？

出示文中句子，指读。

师：你从这些句子中读到了什么心情？

3. 师：请同学们再读课文，你还能从哪些语句中体会到男孩对这件运动衫的喜爱之情？

4. 指名交流，预设下列可能性：

A.“我”大着胆子上前，问小男孩运动衫是在哪儿买的，多少钱一件。

B.“我”一边走，一边想着那件红色运动衫。回到家，“我”对妈妈讲了那个小男孩穿的红色运动衫以及上面印的蓝色大角麋鹿有多棒。

C. 到了城里，“我”先到小男孩告诉“我”的那家大商店，找到挂着那种运动衫的柜台，毫不犹豫地用3美元买了一件，一出商店“我”就穿上了，心里充满了自豪。

D.“我”把那件印着骄傲地仰着头的大角麋鹿的运动衫放在柜台上，抱着鞋盒走出商店。

5. 小男孩做了一个出人意料的决定——用运动衫换鞋。

师：如果是你，面对自己喜爱不已的运动衫你舍不舍得换掉？

师：小男孩一开始就舍得吗？你是从哪些词句体会到的？

师：文中哪些句子描写了最初时小男孩的犹豫呢？

预设：“我”在街角抱着鞋站了一会儿（站了一会儿），好像看到老人在小屋里赤脚等着“我”。“我”瞥了一眼这双老人不能再穿的破鞋子（瞥了一眼），心想这双鞋子可能是他最亲近的东西了。（点击出示）

6.（出示）“我”把运动衫放在柜台上。

（出示）“我”把那件印着大角麋鹿的运动衫放在柜台上。

（出示）“我”把那件印着仰着头的大角麋鹿的运动衫放在柜台上。

（出示）“我”把那件印着骄傲地仰着头的大角麋鹿的运动衫放在柜台上。

仔细观察这些句子有什么不同。

师：同学们，字词有情感，语言有深意，你从这些句子中读到了什么样的情感？

师：作者把运动衫的样子写得越来越清楚，句子越来越详细，读起来越加具体，就是为了突出“我”心里的不舍。句子里每增加一个词，小男孩心中就增加了一份对运动衫的留恋。（齐读）

师：纵然不舍，可他还是义无反顾地放弃了最喜爱的运动衫。从小男孩的这个举动中，你能看到小男孩对康威老先生的关心和爱。

这件运动衫凝结了“我”的一片真情。（配乐读最后一段）

【教后记】

几乎每节日常课后自己都会近似嘚瑟地沾沾自喜：“今天这节课可厉害了！×××说……××还……”

与之截然相反的是，几乎每节公开课后自己都会懊恼无比：“这句话应该这么说更恰当，那个环节貌似那样衔接更好一些……”

果不其然，今天执教《一件运动衫》再次给了我强烈的挫败感。故，课后自己做了一个简短反思。

无论课堂出现什么状况，一定是老师不可推卸的原因——不能强调学生的理由，或是学生不举手了，或是回答问题的不多了，或是不配合老师了，等等。凡此种种，都必然是自己的教学设计不合理和课堂举措不合适，没有调动起学生参与的欲望和积极性。

第一处失误出现在概括文章主要内容上，学生的无应答和概括啰唆导致了课堂节奏迟缓，扰乱了后面环节的行进。原因出在“掌控学情”不清晰。学情不仅是学生前期学识储备和自主预习的状况，还包括年龄特点、当下心理状态等不起眼的小状况。我这次恰恰就忽略了这些小状态——这篇课文是一个月前预习的，确切地说是37天前做的预习。当时因为参加评优，考虑到各学校进度不同就选取了课本最后的选读课文，试讲时准备了两个班的材料，我班是其中之一。不承想试讲第一遍几乎无障碍，而有消息说第二周接着又要在学校内部再讲，就保留我班没讲，但预习是同时做的。结果由于种种原因，校内课就搁下了，一搁就到了现在。而我对当初做过自主预习太过自信，并没有要求学生前期再去重复阅读和预习，结果熟悉的课文变成了陌生的文本。

“掌控学情”不清晰还体现在另一个方面：课前没有给予学生热情洋溢的鼓励和赞扬。大家都有这样的经验，每次借班讲课总会做做课前动员工作，激情四射的鼓励、引导和赞扬都是不可或缺的小手段。因为是自己班，平日磨合得很和谐，我丝毫没有意识也应给学生以这样的“热情”，结果大家就都和谐得很“淡定”了。

下午，我请学生自己点评一下今天各自的表现，其中一个女生说出了真相：“我觉得今天表现开始不大好，都快冷场了，后面就表现很棒了。”我追问：“分析一下为什么会这样。”另一个男生紧跟着说：“一进去看见后面那么多老师，我猜大家都紧张了。”“同学们，怨我，我一直以为‘紧张’这事与你们完全无关呢！”由此可见，无论多么久经“课”场，无论是老师还是学生，都是需要赞美与鼓励的，课前情绪调动不可或缺！我不禁想起了即墨二十八中校长讲的“鼓鼓掌，猪跑得更快”的故事。

最大的败笔——不能真正地以学定教。时间过久，自己对教案都不熟了，很多过场、衔接的话语记得不清，偏偏主体环节记得特别清楚！心里稳抓一根线：处理完“如何喜欢”就处理“如何不舍”。结果，在交流“从哪些语句中还能体会到小男孩对这件运动衫的喜爱”时，一个学生就指出了如何不舍的段落。如果真的做到了以学生为主体、以学定教，就应该驾轻就熟、因势利导，一句话完工：“这段描写的哪些词语更能表现出他的不舍？”关注细节词语完成，然后说说自己的不舍，凸显一下主要角色的毅然。结果，心里牢记着那几个环节，又把学生给导回去找句子、找词语、谈感悟。

再换个角度思考，如果真的践行“先学后教，以学定教，面向全体，掌控学情”，就应该充分发挥自主学习单的功效：学生自己已经会写哪些、易错的有哪些、能自己动手获取什么、还有什么是自己努力不能达到的。在充分了解学生现有储备的基础上以学定教——那就是学生会的我不教！我要做的就是使学生加深理解、领会学法，让所学知识系统化、条理化，并从老师的授课中受到启发，考虑和懂得更多的内容。

此景已是成追忆，只是当时已惘然，在自主高效课堂的道路上，我要再接再厉！

迢迢山水间，相思比梦长

——《长相思》教学设计简案

一、谈话

1. 出示《古城赏菊图》，请学生吟诵适宜该场景的诗句，可以化用诗句。

2. 总结学诗方法：看注释、看插图、联想画面、反复诵读。

二、用总结的学法自学《泊船瓜洲》《秋思》《长相思》

1. 朗读，正音。

2. 3篇作品有何不同？发现词的特点：分阕；排列不规则但有规律；押韵。简介词：因调制词。

补充词一首，感受词的特点。

长相思

［唐］白居易

汴水流，泗水流，流到瓜洲古渡头，吴山点点愁。

思悠悠，恨悠悠，恨到归时方始休，月明人倚楼。

三、精读品悟《长相思》

1. 读出停顿，读出节奏，读出韵律感。

2. 借助插图、注释，说说自己读懂了什么。

3. 读出自己的感受，听范读联想画面：你看到了什么？

4. 补充阅读谈感受。

“问君何事轻离别，一年能几团圆月？”用《长相思》中一句回答“何事轻离别”。读上阕，读出报国之志。

“朔风吹散三更雪，倩魂犹恋桃花月。”真的梦到家乡的桃花月了吗？关注“红冰”，体会夜难寐。读下阕，读出风雪交加、思乡心切。

5. 是什么唤醒了思乡情？纳兰把思乡愁眠的情绪寄托给了黑夜里哪种景物？

简介：感受古诗词中夜深愁眠常用的意象。

补充：

枫桥夜泊

［唐］张继

月落乌啼霜满天，江枫渔火对愁眠。
姑苏城外寒山寺，夜半钟声到客船。

长相思

［宋］万俟咏

一声声，一更更，窗外芭蕉窗里灯，此时无限情。
梦难成，恨难平，不道愁人不喜听，空阶滴到明。

四、探究学习

《泊船瓜洲》《秋思》中又是什么唤起了诗人的思乡情？诗人又把自己的浓浓思乡情寄托给了哪种景物？

五、推荐阅读：思乡诗一组

静夜思

［唐］李白

床前明月光，疑是地上霜。
举头望明月，低头思故乡。

杂诗

［唐］王维

君自故乡来，应知故乡事。
来日绮窗前，寒梅著花未？

九月九日忆山东兄弟

［唐］王维

独在异乡为异客，每逢佳节倍思亲。
遥知兄弟登高处，遍插茱萸少一人。

秋风引

［唐］刘禹锡

何处秋风至？萧萧送雁群。
朝来入庭树，孤客最先闻。

逢入京使

［唐］岑参

故园东望路漫漫，双袖龙钟泪不干。
马上相逢无纸笔，凭君传语报平安。

邯郸冬至夜思家

［唐］白居易

邯郸驿里逢冬至，抱膝灯前影伴身。
想得家中夜深坐，还应说着远行人。

夜雨寄北

［唐］李商隐

君问归期未有期，巴山夜雨涨秋池。
何当共剪西窗烛，却话巴山夜雨时。

厘清作者思路，辨识童话特征

——《巨人的花园》教学设计

一、教学目标

1. 理解课文内容，在对比阅读中从花园的变化体会“快乐应当与人分享”的道理。

2. 有感情地朗读课文。

3. 初步了解童话故事富于想象、夸张的特征。

二、教学过程

1. 谈话导入。

师：同学们平时一定很喜欢读童话故事吧？那你一定见多识广，来看看这是哪些童话故事里的人物吧。能说说你为什么喜欢童话故事吗？

师：其实，我们中国也有许多非常出色的童话作家和他们充满趣味的作品，比如……你可以找来读一读，和朋友一起读、一起交流会更加其乐无穷。

师：今天，我们一起走进英国作家王尔德的童话故事——《巨人的花园》。

2. 师：课前大家都读了课文，进行了预习，谁能说说《巨人的花园》主要讲了一个什么样的故事？

归纳：讲清故事的开始、过程和结局，要注意语言的简洁。

3. 师：在你心目中，花园是什么样子？（出示词语：阳光明媚、鲜花盛开、草翠花开、绽出绿芽、开出鲜花、鸟语花香、春意盎然）是不是这样的？孩子们在这样的花园里玩耍，就会把这里当作——乐园。

师：可是我们要看的不是一般的花园，而是——巨人的花园。（齐读课题）通过预习，谁能用几个词语来描绘一下巨人的花园是什么样的？（北风呼啸、鲜花凋零、树叶飘落、狂风大作、冰雪覆盖）哎，这哪是花园，明明是一座荒园子、一座冰园子。我们就叫它“冷园”吧。

师：读完这两组词语，说说这样一座花园带给你什么感受？

4. 师：这花园有时是春意盎然的乐园，有时是冰雪覆盖的荒凉之地。现在，让我们一起走进这座花园。请拿起铅笔，用直线画出描写花园像个乐园的句子，用波浪线画出描写花园荒凉寒冷的句子。

师：谁愿意把自己找到的句子读给大家听？让我们一起认真倾听，想象这个花园的模样。

师：读着读着，听着听着，其乐融融的乐园、寒风刺骨的荒园就在作者的对比描写中交替着反复出现在我们眼前了。

5. 师：文中这些句子，读起来非常不合常理，是什么原因呢？你看——（出示课件）

春天终于来了。村子里又开出美丽的鲜花，不时传来小鸟的叫声。但不知为什么，巨人的花园里仍然是冬天，天天狂风大作，雪花飞舞。

这个小男孩儿在树下一伸手，桃树马上绽出绿芽，开出许多美丽的花朵。

与此同时，鲜花凋谢，树叶飘落，花园又被冰雪覆盖了。

师（学生交流）：对，充满了奇特的想象，还有超级夸张，这就是童话故事的奇妙之处。

6. 师：文中有两个句子写得不太清晰，你们能解决这个疑惑吗？

师：“与此同时”是指什么时候？

师：什么是“训斥”？如果你就是巨人，用巨人的话来训斥一下这些孩子吧。（从文中找到巨人的话）你在训斥他们的时候是怎么想的？同学们，你觉得这是个怎样的巨人？

从那以后，巨人的花园又成了孩子们的乐园。孩子们站在巨人脚下，爬上巨人的肩膀，尽情地玩耍。

师："从那以后"是指从什么时候呢？

师：来，一起读："于是，他立刻拆除围墙，把花园给了孩子们。从那以后，巨人的花园又成了孩子们的乐园。孩子们站在巨人脚下，爬上巨人的肩膀，尽情地玩耍。"

师：原来"从那以后"就是从拆除围墙以后啊！我发现大家非常会学习，很善于在读书的时候联系上下文来理解。我要向你们学习这种读书方法。

7. 师：如果你是巨人，你怎么想到要拆除围墙？现在是个怎样的巨人？

师：你想对这个巨人说些什么呢？

师：没有孩子的地方就没有春天。瞧，虽然已是一叶梧桐一报秋，可现在我们教室里却是春色满园，因为你们就是春天。巨人已经认识到快乐要与人分享才能收获快乐了。

师：童话总是美好的，让我们一起读读文章最后为我们呈现的美好吧。

生（齐读）：巨人的花园又成了孩子们的乐园。孩子们站在巨人脚下，爬上巨人的肩膀，尽情地玩耍。巨人生活在漂亮的花园和孩子们中间，感到无比的幸福。

8. 师：现在，发挥你的奇思妙想，想想拆除围墙的时候，是怎样的一幅画面？拿起你的笔来写一写。

巨人决定立刻拆除围墙，他____________________。

孩子们__________________________。

围墙___________________________。

9. 师：这篇童话故事是经过改编的，推荐大家有时间读一下原文《自私的巨人》。仔细想想，原文和改编有什么不同？

穿过花季的淡淡忧伤

——主题书目阅读交流课

【主题书目推荐】

《轮子上的麦小麦》，之所以在“轮子上”，是因为父母总是在频繁地搬家，像与人捉迷藏一样。而她的家庭生活也很奇怪：妈妈明知道是麦小麦犯了错，却打麦小叶的屁股。与此同时，另一个怪异的母亲却总是如影随形想追回被抛弃的女儿。姐妹两个，一个是麦小麦，一个是麦小叶，到底谁才是亲生的？

《夏日和声》里，毕小胜的学校是一座旧厂房，被一圈破围墙包围着。外面是乱糟糟的建筑工地，房顶呼呼漏风。他们用的课本是旧的，没有操场和音乐教室，也不上体育课和音乐课。而苏翘老师却用一把吉他，把毕小胜们死气沉沉的黄昏串成了金色的音符。

《夏日和声》里，飘浮着《白鸽子的梦》，菲儿忘不了妈妈恼怒的脸和爸爸无奈凄楚的表情。那一次次激烈的争吵，告诉菲儿，她的小心和乖顺将会是父母之间的一贴润滑剂，也是一贴粘连家庭的黏合剂。所以，她总是那么小心翼翼地生活着。

《我的妈妈是精灵》里，妈妈是另一种人，是那种蓝色会飘的人，住在另外一个空间里的，和故事里的仙女、人鱼住在一起。他们是一种比人还要脆弱的人，风都能把他们吹跑。陈淼淼对精灵妈妈的依恋最终战胜了恐惧，她想尽办法帮助爸爸妈妈不离婚，想保留一个完整的家，最终没有成功，做精灵的母亲还是离开了这个世界，飞入了属于她的地方。

《亲亲我的妈妈》里，安迪是一个被老师唤作“赵安迪”、被爸爸叫成“安宝儿”、被妈妈称作“弟弟”的10岁男孩。“弟弟”在爸爸的葬礼上，第一次见到了妈妈舒眉——那个漂亮的、像是刚从照片上走下来的人。这个妈妈总是冷冷的、淡淡的，又会在一些事情中流露出暖暖的、热热的情感。“弟弟”和妈妈在相识、相处的忐忑中，相互温暖，两颗受伤的心逐渐复原。

师：同学们，选一个做你的朋友吧，走进她（他）的内心世界。你会发现只要有真爱，就一定会有亲情的存在，就一定会有幸福的生活。你也许会跟他一样——成长往往在一夜之间。

【阅读点金魔法棒】

穿越淡淡忧伤的深深爱

当我们怀着一颗沉静的心读完作品，就会发现，我们与主人公一起分享着童年的心情，跟他们一同走过童年的每一个日子。

感情是世界上最黏的胶水，可以让两个世界里的人联系起来。要想对你选定的朋友有更多的了解，就要深入到人物的内心世界去，与人物共同体验成长。

如果仔细读一读这些故事，就会发现，这些书中的人物形象就在我们身边。书里的角色会让你想起某些人吗？你了解他们有哪些心事吗？你脑中是否久久萦绕着书中一个难忘的画面？这画面在向我们传达什么？你心头是否有一个挥之不去的眼神？从那眼神背后你读懂了什么？

让我们再细致地读读这些故事，你会发现有一样是亘古不变的，那就是人与人之间的“爱”。

血浓于水，麦小麦真正的母亲不顾自己的生命之火将要一点一点熄灭，还是那样坚持去寻找自己的亲生女儿。现在的父母因为害怕麦小麦的心灵受到伤害，为了追求宁静的幸福生活，先后搬了很多次家，过着颠沛流离的生活，很多时间是在车轮的转动中度过的，这也是为了爱。

安安素未谋面的外婆悉心地照顾着这个孩子，即使安安不习惯并表示无理的抗拒时，外婆也能够任劳任怨，隐忍不发。后来，外婆为了给安安做一个竹蜻蜓而不顾身体虚弱跋涉到青女山，才赢得了安安的接受。外婆的性格就像瑶河一样，她的爱安静而不动声色。“她牵起外婆的手，跟在妈妈的后面，脚踩柔软的竹叶，沙沙的，好像踩着满地绿色的雪。”这份爱来得如此不易。

“苏翘却一直歪着脑袋微笑地看着我，不时用手指弹拨一下琴弦，为我伴奏。”她用微笑打动了毕小胜们的心，使他们爱上音乐。整个夏天，苏老师为了一场慈善演出不辞辛苦地给大家排练。这又是一种怎样的爱？

妈妈原来是精灵世界的精灵，精灵们没有任何情感，没有爱与恨，每个精灵只有一次来人间的机会，只有人真正喜欢精灵，精灵被爱，心变重了才会从树上掉下来成为人。爱，居然能使精灵变成“人”，它是多么的神奇！

正是在爱中，安安、毕小胜、菲儿、森森、安迪，在一天天地长大、一天天地成熟。爱，创造了一个又一个成长的奇迹！

追踪之旅，慕书而行

——以《追踪小绿人》为例的课外阅读推进活动

一、兵马未动，粮草先行

寒（暑）假前发放《致家长的一封信》，总结本学期阅读情况，推荐下学期阅读书目，学生在放假前就可以通过学校图书漂流得到或从书店购买到所需书籍。指定其中1～2本书假期集中阅读，不要轻易放飞了将要到来的假期光阴。

操控手段：短信、阅读记录系统。

二、未成曲调，先酿书情

开学初，从先期读完的学生中择优在班内进行“好书推介”活动，讲述精彩章节或自己的阅读感受。由于每个班的学生水平良莠不齐，故同读一本书其实是针对缺乏阅读自觉性、阅读速度较慢的学生实施的，所以只限定某月某日共同读完，并不限定每天读的页数相同。有余力的学生鼓励再读，设计考查题目，争当小考官。

教师诵读：挑选部分情节曲折生动的章节，在教室内读给学生听，读到紧要处戛然而止，读过的学生会忍不住议论纷纷，没读到的学生会按捺不住好奇心：“他们说的是什么？”从而激起新的阅读期待。

课前交流：利用上课前三分钟，师生聊聊书中的人物，让学生发表自己的看法。

三、以书养读，慕书而行

借助日常的交流强调阅读的重要性自不必说，关键是要给家长和学生树立起牢固的观念——爱读书的学生最光荣。

1. 亲子共读：借助家长记录或亲子共读，带动家里的阅读活动。借助信息技术手段，表扬学生，赞颂家长，让做得好的学生和家长都有成就感。班级QQ群、微信群、班级微信公众号“毛毛虫的眼睛”及时发布信息，能更大程度地激励学生、家长朝着爱读书的方向前行。

2. 快乐书吧：我私藏的书借给你读。组织活动的奖品、平日表现好的奖励都是书。拿到奖励的学生自然会在别人欣羡的目光中得到一种精神满足，也能在阅读完成后有物质收获。

3. 书虫超市：体验自己动手丰衣足食的幸福。读书可以获得书虫币，书虫币可以购买实物。物质可以刺激那些已经“宠辱不惊”的学生。

4. 阅读课：每周一节阅读课，去阅览室读书，体验不一样的阅读氛围。可能那种随心所欲的阅读姿势和挑选书目的感觉更吸引他们，读完规定的书目，可以去阅览室尽兴读，或坐或卧，但完不成规定阅读任务的只能带着规定必读的书去。

5. 词语积累：共读一阶段后，利用摘抄本在校集中做一次词语积累，积累的词语可以是教师选择的，也可以是学生推荐交流的。

6. 阅读摘记：学生自主选择精彩段落摘抄，并写三言两语的感受。当大多数学生可以完成时，提供常见读后感的撰写形式，写一次读后感，择优编辑成班级报纸，面向学生、家长发放。

7. 编辑手抄报：编辑制作一期关于该书的手抄报。

8. 阅读汇报课：设计闯关题目、交流话题、情节表演，全班共同交流汇报。

9. 集中检测：拟定阅读测评卷集中检测。在前期系列活动带动下，学生已经从《追踪小绿人》追踪到了《又见小绿人》《我们都是小绿人》，进入自主阅读期。

现在，用金波先生的一句话作为结束语：“美好的一天，从阅读开始。”

触摸生本，静待花开

——生本高效课堂初探

捷克著名教育家夸美纽斯说："找出一种教育方法，使教师因此而可以少教，但是学生多学。"生本高效语文课堂就是这样一种方法的变革。它以促进学生生命发展为本，遵循语文学习与教育规律，师生共建生态的、实现教学效益最大化的语文课堂。

周村区实验学校实施了"生本高效，每周一课"活动，旨在"剖析一节课，带动一批人"。活动中无论是成功的经验还是失败的教训，都让我们重新领悟了生本的诸多内涵。

1.“我的眼里只有你”。

案例：小孙老师业务素质过硬，是学校的教学骨干，观摩课、评优课活色生香。可就是有一个奇怪的现象：学期末评价，他们班最优秀的学生一长串，最落后的学生也是一长串。

为何会造成这么严重的两极分化？经过持续观察发现，他的课堂提问和交流只面对第一层次的学生，当然课堂妙语连珠，而听不懂的学生只好"各自忙活"。

语文能力的积淀非一日之功，"全面提高学生的语文素养"的"全"，既不能忽略"全面"，也要看到"全体"，问题设计应以中等生为标准，高于中等的学生可以起引领作用，低于中等的学生能够听明白。以学生为本，教师的眼睛里面应该永远是全体学生，而不能是"我的眼里只有你"。

2. 抽丝剥茧取其真。

学是借鉴，习是操作练习，《义务教育语文课程标准（2011年版）》要求"积极倡导自主、合作、探究的学习方式"，于是很多教师的课堂都在使用小组合作的学习方式，仿佛没有小组就不是合作学习。

案例1：教师说："现在我们进行小组合作学习生字。"于是，学生转身。左边一组小组长起调，举着生字卡片四个人读了一遍，这就是合作了。右边一组："你先！""你先！我是组长，你得听我的。"还没分配完呢，教师说："小组合作结束，回过头来。"该环节不足4分钟。

案例2：也是三年级的课，教师采用的方法是先自己想一想，再小组内互相说一说，然后自己在本子上记下来，最后起来给全班同学说。时间大约10分钟，这四步让学生明确地感受到了思维的完整过程。

无论哪种教学模式，都只是形式的问题，提高实效还是要靠内容。合作学习就是在集体的氛围中，通过集体活动教给学生掌握技能与方法，准确把握《义务教育语文课程标准（2011年版）》的内涵，给学生以更直接的行为方式的指导。特别是年级越低的学生，越有这种需求。

3. 删繁求简为本真。

案例：王老师执教《棉鞋里的阳光》。

怎么记住"摆"？学生说："左边提手旁，右边一个四，一个去。"教师指着讲桌上的书和本子亲切地问："你能上来摆一摆吗？"学生走上讲台慢慢地一本一本收拾好。"为什么这样做动作？""慢慢地、好好地弄叫摆，弄得不好那就叫放了。"教师指着黑板上的"摆"字接口道："是啊，摆要用到手，走过去，一次放下不叫摆，一次又一次，整理了四次，多仔细啊！这才叫摆。"此时，"摆"字在学生头脑中已经不是枯燥的"提手旁、四、去"，形与义活了起来。教师并没有就此止步："'他轻轻地把奶奶的棉鞋摆在阳光晒到的地方。'你再来读这句话，你觉得该用什么样的语气来读？"此时，那不可言传的"老吾老，以及人之老"的好风尚已经铭刻于学生心中，受到这份熏陶的学生必然也会将这份美好迁移到自己的生活中。

一读即通、一看就明了的文章，不必多费时间在分析内容上，尤其是低年段，注音的课文培养一目双行的阅读习惯，学文识字，延展方法，帮学生建立起相似的知识结构，读好书，写好字。同时学文以导行，培养良好习惯。

预设、实践、复盘、反思、重整、蜕变，让我们的课堂焕发生机，生本高效的语文课堂之花已然含苞。

天路，每个人都了不起

——《把铁路修到拉萨去》教学设计

一、教学目标

1. 认识12个生字，有感情地朗读课文。

2. 把握主要内容，体会修建青藏铁路的重要意义，增加对西部大开发的了解。

3. 深入体会修建风火山隧道的过程中建设者所遇到的困难，感受建设者无私奉献、迎难而上和团结协作的精神。

4. 了解文中作者所运用的反复的表达方法。

二、教学重点

把握主要内容，弄清建设者是如何克服困难的，并从中受到感染。

三、设计理念

这是一篇略读课文，学生课前利用自主学习单进行预习，课上自主阅读、思考、交流，巩固本组课文的阅读要求，联系上下文理解含义深刻的句子，体会修建风火山隧道时所遇到的种种困难以及青藏铁路的重要意义，感受到祖国西部的发展离不开这样一群无私奉献的建设者。

四、教学过程

（一）导入新课

师（欣赏西藏图片）：这是一个令人心驰神往的地方，它位于我国的西部。那里有成群的牛羊、纯净明亮的湖泊、绵延不断的雪山，它就是古老而神秘的西藏。2006年以前，人们常说“出国易，入藏难”，难就难在它地处偏远，难就难在根本没有到达那里的火车！为了造福广大人民，促进各民族共同繁荣发展，党中央在2001年做出了重要指示——把铁路修到拉萨去。

（二）检查预习

1. 出示本课词语。

第一组：狂风大作、不翼而飞、劈头盖脸、面目狰狞

第二组：严阵以待、斗志高昂、废寝忘食、夜以继日

师：你发现这两组词语有什么特点？（一组描写修建铁路过程中的困难，另一组描写突击队员不怕困难、战胜困难）

2. 这篇课文的主要内容是什么？

（三）全班交流，细读感悟

1. 师：课文中有一句话出现了好几次，你发现是哪句话了吗？这句话在文中出现了几次？这种写作方法我们以前接触过，叫作什么？

师：这句反复出现的话是谁说的？他们反复强调这句誓词，你觉得是为什么？

2. 师：他们在筑路过程中遇到了怎样的困难才立下这样的誓言？

师：课前预习的时候大家画出了相关句子并起了小标题，我们一起来交流一下。

3. 全班交流。

三大难题：冻土层、恶劣天气、极度缺氧。

师：同学们，你们知道吗？风火山隧道全长1338米，建设者们却修了整整一年，看似没什么，可细细一算，在这一年里，他们每天平均只能修3.66米。我想此时此刻，我们每个人心中都在想，在这样的地方修铁路，太难了，简直是“难于上青天”！怪不得西方媒体都这样预言——请你读。

师：但是困难当前，我们的筑路大军有没有退缩？有没有放弃？不仅没有，他们还高喊着誓言：把铁路修到拉萨去！

4. 师：筑路大军团结一致、勇斗困难的精神值得我们敬佩。我不由得想起了习近平总书记在党的十九大上说的一句话：“改革争在朝夕，落实难在方寸。越是任务重、困难大，越要知难而进、迎难而上。”

习近平总书记的这番话筑路大军做到了，风火山隧道终于贯通了！他们一次又一次地呼喊着："把铁路修到拉萨去！"

风火山隧道贯通了，拉萨还远吗？相信此时的他们一定信心百倍，他们一定会高声呐喊："把铁路修到拉萨去！"

为了拉萨人民的幸福，为了祖国西部的繁荣，哪怕再难，他们也绝不放弃，因为他们心中有着坚定的信念："把铁路修到拉萨去！"

5. 为什么作者要反复强调这句话？（表达了建设者们的决心和不达目的不罢休的执着精神）

6. 师：青藏铁路在你心中是一条什么样的铁路？

师：青藏铁路2006年7月1日正式通车，人们亲切地称它为"天路"。那这条天路的开通，究竟给西藏、给我们带来了什么？我们一起看看这些资料。（资料略）

7. 师：如果要在青藏铁路海拔最高处立一块纪念碑，你会在碑上写下什么呢？请你在发下去的纸上写一写。谁想来读一读？

（四）总结全文，推荐阅读

师：我们伟大祖国的发展离不开这些建设者，正是有了他们，我们的祖国才更加美丽；正是有了他们，我们的祖国才更加繁荣富强！希望我们长大后也能为亲爱的祖国贡献自己的一份力量！

推荐阅读：《生命禁区的早晨》。

畅游成语国

导语：

同学们，成语是我国文化艺术宝库中瑰丽的明珠，它短小精悍、整齐匀称、言简意赅、含义深广。那么你知道成语数量多、范围广，涉及历史、自然、社会甚至数学等各个领域吗？

成语历史篇

成语是历史的积淀。很多成语的背后都有一个含义深远的故事。经过时间的打磨和千万人的口口相传，每一句成语又是那么深刻隽永、言简意赅。

高山流水：比喻知己或知音，也比喻音乐优美。

《吕氏春秋·本味篇》，伯牙擅长弹琴，钟子期善于倾听。伯牙弹琴，心里想着高山，子期说："好啊！高峻的样子像泰山！"伯牙心里想着流水，子期说："好啊！水势浩荡的样子像江河！"伯牙所思念的，子期必然了解。子期死后，伯牙认为世上再也没有他的知音了，就摔破了琴，终身不再弹。

纸上谈兵：在纸面上谈论打仗。比喻空谈理论，不能解决实际问题。

战国时，赵国名将赵奢的儿子赵括，在年轻的时候读过不少兵书，常常在人们面前谈论作战用兵的事情，即使父亲赵奢也难不住他。很多人认为他很有才能，但是父亲却认为他夸夸其谈，不能担当重任。

有一次，秦国进攻赵国。赵国大将廉颇采用了修筑壁垒坚守的方法。后来，赵王听信了秦国散布的流言，以为廉颇年老懦弱，不能抵挡敌军，就改派赵括代替廉颇。赵括到了前线，死搬兵书上的教条，完全改变了廉颇持久抗战的计划。秦将白起听到这个消息，非常高兴，便用计先截断了赵军的运粮后路，然后把赵军团团包围。赵军粮绝，赵括企图突围，被秦军一箭射死，40多万赵军尽被歼灭。

【趁热动动脑】

师：你知道下面这些成语故事的来历吗？收集来读一读吧。

指鹿为马：指着鹿，故意说是马。比喻故意颠倒黑白，混淆是非。（赵高）

破釜沉舟：比喻下决心不顾一切地干到底。（项羽）

完璧归赵：本指和氏璧完好地自秦国送回赵国，后比喻把原物完好地归还本人。（蔺相如）

三顾茅庐：比喻真心诚意，一再邀请。（刘备）

卧薪尝胆：睡觉睡在柴草上，吃饭、睡觉都尝一尝苦胆。形容人刻苦自励，发奋图强。（勾践）

入木三分：形容书法极有笔力。现多比喻分析问题很深刻。（王羲之）

乐不思蜀：形容有些人安于现状，乐而忘返。还形容有些人乐而忘本。（刘禅）

成语自然篇

师：成语中有万紫千红、硕果累累的植物园，也有生机勃勃的动物园。让我们去领略其中的美丽景象吧！

春暖花开　夏日炎炎　秋高气爽　寒冬腊月　——四季分明

松龄鹤寿　成竹在胸　望梅止渴　——岁寒三友

滂沱大雨　银装素裹　皓月千里　晨光熹微　——天气天象

鼠目寸光　小试牛刀　狐假虎威　兔死狐悲

叶公好龙　画蛇添足　马到成功　亡羊补牢

尖嘴猴腮　闻鸡起舞　白云苍狗　狼奔豕突　——十二生肖大聚会

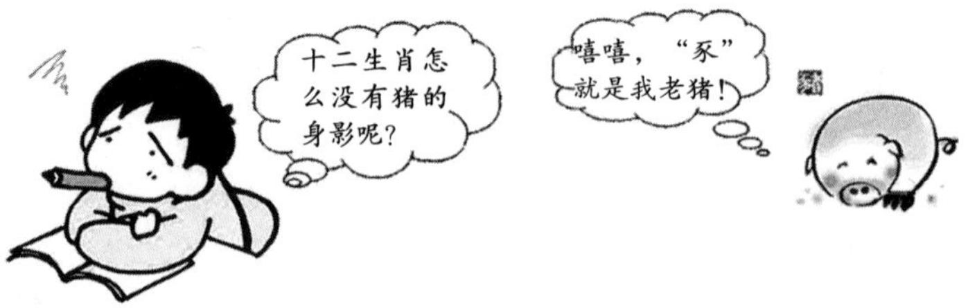

鹤立鸡群　鸡鸣狗盗　鹅行鸭步　狐朋狗友　　——一个词里两种动物

明日黄花　出水芙蓉　昙花一现　杏花春雨　　——百花齐放

出人头地　焦头烂额　一目了然　扬眉吐气

千钧一发　掩耳盗铃　劈头盖脸　一手遮天

唇齿相依　三头六臂　感人肺腑　铁石心肠　　——浑身都是成语

【趁热动动脑】

1. 在括号里填入一种动物名，组成一个成语。

（　）飞蛋打　　照（　）画虎　　（　）丝马迹　　白云苍（　）

2. 在括号里填入一种植物名，组成一个成语。

胸有成（　）　　百步穿（　）　　寒（　）傲雪　　打（　）惊蛇

成语社会篇

众志成城　万众一心——团结

手不释卷　废寝忘食——学习

助人为乐　无微不至——关心

夜以继日　埋头苦干——工作

娓娓而谈　侃侃而谈——言论

迷途知返　改恶从善——改正错误

一刻千金　日月如梭——珍惜时间

情同骨肉　形影不离——友谊

满腔热忱　麻木不仁——为人处世

师：我们发现，如今有些商家常常改用成语来给自己的商品打广告，如：

衣见钟情（某服装店广告语）——应为“一见钟情”

衣衣不舍（某服装店广告语）——应为“依依不舍”

骑乐无穷（某摩托车广告语）——应为“其乐无穷”

无胃不至（某治胃药广告语）——应为“无微不至”

【趁热动动脑】

一明惊人（某眼病治疗仪广告语）——应为“________________”

默默无蚊（某蚊香广告语）——应为“________________”

爱不湿手（某洗衣机广告语）——应为“________________”

咳不容缓（某止咳糖浆广告语）——应为“________________”

成语数学篇

一丝不苟　两面三刀　二龙戏珠　三心二意
四海为家　五光十色　六神无主　七嘴八舌
八面玲珑　九牛一毛　十全十美　百家争鸣
千辛万苦　万众一心　　　　　　　　——含有数字

【打破砂锅问到底】

师：三长两短、挑三拣四、丢三落四、推三阻四……含“三”的成语为什么多数是贬义词呢？

在中国传统文化中，“三”是很特殊的数字，它往往表示数字的极限，即已经到头了。《道德经》中讲：“一生二，二生三，三生万物。”三后面就是无穷大。《曹刿论战》中也说：“一鼓作气，再而衰，三而竭。”俗语说“一而再，再而三”，意思指对于犯错误的人，可以原谅一次、两次，但第三次就是容忍的极限了。中国人喜欢用“三”说事，好像提到了“三”就提到了一切数字。加之中国人的习惯，喜欢成双成对，喜欢整五整十，而“三”是一个奇数，不齐整、不规矩、不稳定，因此传统上人们习惯拿“三”来指一些不好的事。久而久之，有“三”的成语就变得贬义越来越多、褒义越来越少了。

【趁热动动脑】

1. 在括号里填上数字让成语变完整。

（　）清（　）白　　（　）面（　）方　　（　）心（　）意
（　）上（　）下　　（　）死（　）生　　（　）紫（　）红

2. 照样子猜成语谜。

最长的脚——（一步登天）　最贵的稿酬——（一字千金）
最重的话——（一言九鼎）　胆最大的人——（　　　　）
最便宜的东西——（　　　　）

3.“退避三舍”中“舍”是一个表示路程的量词，古代一舍的长度是（　）

A. 十里　　　B. 二十里　　　C. 三十里

成语运用篇

甲：我最近正在研究成语词典，成果特别显著，马上就发表论文，题目叫《关于成语的错误和我的精辟见解》！

乙：吹牛不上税？有能耐当着大家的面把你的研究成果说说。

甲：要说这成语，错的地方太多了。先说个简单的，知道“一毛不拔”这个成语吧？

乙：知道，不就是一根汗毛都不肯拔，形容人非常吝啬自私吗？

甲：错，那是自私吗？你想啊，人家就剩一根毛了，还要拔掉，拔完了不成光头了！所以这条成语得改，把“一”改成“亿”。如果他有一亿根毛都不肯拔，那才叫吝啬自私呢！

乙：你别说，有点意思。

甲：再听这“道听途说”。

乙：路上听来的，指没有根据的传闻。

甲：错，那是路上听来的吗？那是老道听他徒弟说的。怎么没有根据呢？

乙：这是歪解。

妙用成语：成语大多为人所耳熟能详，若运用得当，必将使文章锦上添花，会令人耳目一新。

1. 同学们个个都着急进教室——同学们争前恐后地进入教室。

2. 我出的手抄报跟别的同学不一样——我出的手抄报与众不同。

3. 张大千“君手动口，小人动手”：

抗日战争胜利后，著名国画大师张大千要从上海返回四川老家。临行前一个学生设宴为他送行，梅兰芳等社会名流应邀赴宴。

宴会开始后，张大千向梅兰芳敬酒，敬酒辞谓：“梅先生，你是君子，我是小人，我先敬你一杯。”此语一出，举座愕然，但马上又想到张先生必有惊人妙语，于是静听下文。梅先生也一时不知其意，忙含笑接问：“此话怎讲？”张大千笑着说：“你是君子——动口，我是小人——动手。”

“动口”自然是指梅先生唱戏，“动手”当然是指张大千绘画。张大千妙用成语，诙谐幽默，引来一片喝彩声。

滥用成语：成语若不明白意义所指，乱用滥用，则会让人啼笑皆非。

小明在爸爸出差期间写了一封信给爸爸，内容如下：

我最**亲密无间**的爸爸：

最近以来，您是否**健壮如牛**？工作是否**蒸蒸日上**？前几天，老师表扬了我的**丰功伟绩**，我听了以后**沾沾自喜**，您批评我爱滥用成语，我一定**前功尽**

弃，卷土重来，祝爸爸万古长存！

您独一无二的儿子小明

【趁热动动脑】

1. 下面成语中加点的字你会读吗？查查字典或词典你会有新的收获。

瞠目结舌　　强词夺理　　谆谆教导　　忍俊不禁

龇牙咧嘴　　乳臭未干　　大腹便便　　好逸恶劳

2. 常见的成语多数是四字词，你能把下面这些多字成语补充完整吗？

八仙过海（　　　　　）　　三天打鱼（　　　　　）

螳螂捕蝉（　　　　　）　　万事俱备（　　　　　）

3. 填上一对反义词，使成语变完整。

（　）嘲（　）讽　　（　）尽（　）来　　喜（　）厌（　）

（　）入（　）出　　（　）呼（　）拥　　舍（　）求（　）

成语来源于我国历史、名人故事、寓言传说、古人原句和谚语俗语等，为丰富中华文字的内涵锦上添花。我们不能信笔而写，也不能擅自篡改成语，以免糟蹋了这约定俗成、魅力无穷的民族文化和民族语言。

中篇

阅读习作·实践生活

爱生活，爱“悦”读，让童谣链接儿童生活
——在文学叙述中获得情感共鸣

我们的儿歌

我读过一本叫《诵读识字》的教材，有这么一段文字，我很赞同：“我国古代的语文教育非常重视识字教学，认为识字是读写之本，把识字教学作为蒙学教育的开端。古代的识字教学，进度要比现在快得多，效率要比现在高得多。两千年前的汉代儿童在不太长的时间里诵读完《急就篇》一书，便可掌握近2000个生字，即可进一步阅读；宋代之后出现的《千字文》《三字经》《百家姓》等读本，都可让儿童快速识字、尽早阅读。清人唐彪在其所著《父师善诱法》一文中说，小孩三四岁时，就可教其识字，一年可识字一两千。”

科学研究证明，3～6岁是幼儿识字的关键期，6～8岁是儿童阅读的关键期。6岁是识字和阅读的双重关键期。为什么一年级学生一入学先要学习拼音呢？到底是学拼音容易还是学识字容易？

从教这么多年，我也发现学拼音要比识字难。早在多年前我就知道韩兴娥老师和她的海量阅读，我钦佩她，却不敢如她一样放开教材，考虑到还要考试等诸多因素，实在没胆量两三天学完一本语文书，然后开始大量识字与阅读。

不过，要维持平行进度，确实很浪费时间，我采取了折中的办法：讲课进度跟大家一样，但是每一课的时间都浓缩了，然后植入诵读。学校诵读古诗活动10余年，开展得如火如荼，做得风生水起。一年级上学期古诗要求的背诵数量是15首，我觉得太少了。加之高年级习作时总感慨学生越来越缺少想象力，我认为一年级诵读儿歌童谣是非常有必要的。我们没有资金统一购进那种诵读识字的教材，我就在黑板一角用粉笔端端正正地书写一首儿歌，篇幅短小，常用字反复出现，早上上课前和下午上课前领读，让学生看着、指着诵读，既练习诵读积累，又多认识了汉字，也希望我工整的书写态度能感染他们，养成认真书写的好态度。如此算下来，一举多得，不费劲儿的事，何乐而不为?

我发现短小的儿歌句式多样，富有变化，节奏鲜明，朗朗上口，易念、易记、易传，不仅在语言训练方面有重要的作用，对启迪儿童心智、进行情感教育、以良好的行为习惯促进班级管理也有很大的帮助。

开学初，学生的各种课堂行为习惯还未养成，几乎每节课都要花费很多时间来讲解上课应该怎么做。这时候，可以教他们念《我会做》。

上课铃，叮叮响，我们快步进课堂。
书本文具放整齐，静等老师把课上。
用心听，仔细想，身子坐正向前方。
上课发言先举手，遵守纪律不要忘。

有在走廊上窜跑打闹、大喊大叫的现象，我就带领他们诵读：“缓揭帘，勿有声。宽转弯，勿触棱。执虚器，如执盈。入虚室，如有人。”这字字句句的“规行矩步”在提醒学生，良好的生活习惯要从点滴小事做起，长大后才能成为一个受人尊敬的人。

有调皮捣蛋、不团结同学的现象，我不指责、不说教，一起诵读《团结友爱亲又亲》：“一颗星，冷清清，两颗星，亮晶晶，三颗星、四颗星、五颗星，汇成星河放光明。一个人，孤零零，两个人，笑盈盈，三个人、四个人、五个人，团结友爱亲又亲。三四五、六七八，团结起来是一家，是谁调皮捣蛋不愿意和我们做相亲相爱的一家人？”读读笑笑中有的学生就红了脸。

针对个别孩子做事丢三落四，我们就读《半半歌》：“有个小孩叫半半，起床已经七点半，鞋子穿一半，脸儿洗一半，早饭吃一半，课本带一半，上学路上半半跑，光着一只小脚板。”

上课时总会有那么几个不注意听讲的学生，也许是注意力不够集中，也许是年龄太小自我约束力还达不到，除了悄悄谈话，我们还是读儿歌。这时候读《小黄狗上课》，不经意间“小黄狗”就减少了几个。

小黄狗，真糟糕，上课学习坐不牢。
板凳好像有根刺，扭来扭去真难熬。
窗外白兔追着跑，树上麻雀叽叽叫。

一架飞机天上飞，逗得黄狗向外瞧。

半堂课，已上好，黄狗一句没听到。

老师喊他答问题，他红着脸说“不知道”。

小小的儿歌，读起来铿锵有力，音韵袅袅萦绕于心。单个读、小组读、男生读、女生读……学生你争我赶，班级内一派诵读之乐乐陶陶的景象。诵读水平的提高自不必说，同时丰富了我们的班级文化生活，也有意识地进行了思想教育，靠这种潜移默化的行为教育和习惯培养逐步克服学生的陋习，用属于儿童的语言约束他们的行为，习惯培养与素养提升都有了质的飞跃。

经典是中国数千年积淀下来的文化精髓，亲近经典，对学生精神领域的影响是深远的，对学生价值观和人生观的形成有着不容忽视的作用。让师生“诵读胸藏锦绣辞，育人拈花香满衣”！

一去不能二三里

《一去二三里》是一首古代童谣，描述郊外美景的同时，巧妙地把一至十的数字镶嵌其中。教材编排的意图也就是识记10个表数字的汉字，会写“一、二、三、十、土”5个生字。

这样一篇识字文，对于相当一部分学生已经不是问题，现在学生获取信息广，识字渠道多，再让他反复认“一二三四五六七八九十”，势必会造成一部分学生因没有兴趣而转移注意力，但要是快速跳过也不现实，毕竟还有一部分学生无论是拼音还是汉字都从未接触过。怎么解决“吃得饱”这个问题呢?

那就继续读童谣吧，我又找了相似的两篇韵文：

一片一片又一片，

两片三片四五片，

六片七片八九片，

香山红叶红满天。

一片两片三四片，

五六七八九十片。

千片万片无数片，
飞入芦花总不见。

把文中对于学生而言略微生僻的几个字注上拼音，就开始读、开始认。反反复复中，那些从来没认过字的学生对“一二三四五六七八九十”也认熟了，早已认识的学生也在认读中认识了诸如“片、香山、红叶、芦花、无数”等字，还给他们讲了纪晓岚和乾隆皇帝接诗句的故事，这也算让他们都在自己原有水平上“吃个饱”。

教儿歌的小先生们

最近我们开始读谚语儿歌和俗语儿歌。不过我不教，而是将儿歌打印装订成小书，覆膜粘贴好，每天由一个学生自己选一首喜欢的练熟了，第二天来教大家。认认字，读读歌，挺好的。领到任务的学生也特别有成就感，很积极。

最初我以为，他们一定会选择那些篇幅短小的来念，可真正教起来，学生的奇思妙想、天马行空，总是让人那么意外。

第一轮方案是按照姓名排序开始轮流领读，总往后缩头的小蔡同学是被硬派的任务，教念《人心齐，泰山移》。

一二三，三二一，
人心齐，泰山移。
一群蚂蚁搬鸭梨，
小猴见了很惊奇。

等小蔡念完了，书皮就烂了，不敢再按顺序轮流了，开始选择毛遂自荐的学生。

曦教念《狐狸没捉到，惹了一身臊》，我不知道她是否明白这句俗语，但是学生念得哈哈大笑，挺乐呵。尤其是赵同学，他伸手指着自己惊奇地说：“老赵？我就姓赵啊！”

老赵实在太可爱，
想捉狐狸做皮袍。
狐狸没捉到，
惹了一身臊。

臊气随风飘呀飘，
熏得老赵拼命逃。

骐雅教念《前门赶走了虎，后门进来了狼》，大家就在那里模仿老张丢了枪爬上树。

前门赶走了虎，
后门进来了狼。
老张吓得丢了枪，
慌忙爬到大树上。

妮妮教念《起个大早，赶个晚集》，一群学生故意恶狠狠地念着最后一句“你说憋气不憋气”。

老兔子，小狐狸，
起个大早，赶个晚集。
只好买俩烂鸭梨，
你说憋气不憋气？

懿洳教念《不怕慢，就怕站》，现在大家学会用这句话来说那些磨叽的同学。

不怕慢，就怕站。
一站就是二里半，
兔子落在龟后面。

潇曼教念《不比不知道，一比吓一跳》，而且她还会用自己的话讲解一番。童戈配合她的儿歌讲了《刮骨疗毒》的故事梗概，我们也顺便认识了关公。

不比不知道，
一比吓一跳。
老猴天天耍大刀，
见了关公吓得直跌跤。

韵曦教念《放长线，钓大鱼》，她还给这首儿歌配了一幅惟妙惟肖的插图。

小猫咪，有主意，
放长线，钓大鱼。
等啊等，不着急，
一钓钓条大鲤鱼。

每天负责教的小老师们非常认真，就好比我们教师课前要备课，总是自己反复多练习几遍，确保是最佳状态，才信心百倍地走上讲台。

儿童天生就是诗人

童谣读了70多首，我终于鼓足勇气让学生尝试着创作一次。没讲任何要求，只是试一试语感。没想到学生还有那么点意思呢。当我举起一根粉笔，小彤说："小粉笔，画呀画。"还没来得及想出下句，有个声音更快："彩色笔，画黑板。"虽然不是那么押韵，但意境不错。我又拿起平时用的印章，耿说："小印章，红红的。"曦说："印大字，心欢喜。"

后面几天，小耿每次都堵在我前面告诉我："王老师，我专门给你写了一首童谣，等着你让我读给大家听：'王老师，学问好。大眼睛，戴眼镜。教我们，学写字。'"

怪不得人家说，儿童天生就是诗人。我觉得让学生创作有点晚了，应该早就做，说不定他们都能出自己的专辑了。

我家有个小弟弟

在走廊上，小霓悄悄对我说："今天或者明天，我妈妈要给我生个小弟弟。"我也压低声音对她说："恭喜你，要当姐姐了。"她笑眯眯地跑了。

第二天早上，我问她："你小弟弟出生了吗？"她说："我也不知道，我在学校，妈妈在医院呢。"那小语气貌似有些委屈。

第三天早上，她高兴地对我说："我的小弟弟出生了！我当姐姐了！"

班里好多学生都升级当了哥哥、姐姐，小雅不止一次在写话里描绘她那淘气的小妹妹。后来我就给他们读了《我家有个小弟弟》："我家有个小弟弟，聪明又淘气，每天爬高又爬低，满头满脸都是泥。妈妈叫他来洗澡，装没听见他就跑；爸爸拿镜把他照，他闭上眼睛咯咯笑……"我提醒他们要有哥哥姐姐的姿态，同学们听得哈哈大笑，转头就会念"我家有个小妹妹，聪明又淘气"。

早餐桌上的反话

域的妈妈给我发过一篇孩子写话本的作品：

早饭，妈妈给我煮了鸡蛋。妈妈指着鸡蛋说："先吃蛋白吧。"我指着蛋白说："这是蛋黄。"妈妈说："到了七岁八岁，开始反着说话了。"我说："老赖老赖，颠倒黑白。把白说成黑，把黑说成白。看见萝卜叫白菜，指着螳螂叫蟋蟀，你说他该踹不该踹。"爸妈听了笑着说："还用上谚语儿歌了，还是多读书好呢。"我又说："读书破万卷，下笔如有神。"爸妈说："老师真会教，孩子变化真大。"我看着爸妈笑得那么可爱，心里乐开了花。

读着这篇小作品，我的心里也乐开了花。

是谁读得这么好

进入复习阶段，每天练习。正值炎热的夏季，大人孩子都容易急躁不安，所以我最近采取"怀柔政策"，以表扬激励为主。

周二，我在校园里值班。走到北边教学楼尽头，听到南楼有一个洪亮的读拼音的声音，越往前走，越感受到节奏的铿锵。不由得咂舌：这是哪个班？按对应的位置算，好像是楼上五班。五班王老师真棒啊，刚才我去的时候还嫌她班门口"赶大集"似的吵吵嚷嚷，这一会儿工夫就组织起来了。

感慨中就走到了我们班教室门口。哇！这让我羡慕的声音居然是从我们教室传出来的！这太让我惊讶了，我都能感觉到那种快乐感洋溢得让脸上堆满笑的褶子了。

我满脸含笑地站在门口，一言不发，只看见学生闪闪的眼神、红红的脸，还一个个坐得端端正正的。更令我诧异的是，前面挥舞着教杆、指着黑板领读的不是今天的小督查，居然是小子仪！

等这遍读完，小督查玮和小姜走过来。小姜说："是我叫她上来读的。刚才读得不大好，我就说谁读得好让谁上来领着读，大家就读得很好了。”我由衷地赞叹：“做得真棒！你们组织得棒！大家读得棒！”你们怎么给我这么大的惊喜呢？小干部都知道组织竞争上岗了，有竞争就更有动力了。

再上课时，我用极度夸张的赞美语气，却又故意压得低低地说：“知道刚才在办公室，老师们说什么吗？大家说，这是谁读得这么好哇？三班孙老师说，是一班。瞧，你们的读书声在别的班都能听到呢！”

今天，每堂课前的朗读都读得特别让人心悦。

礼物不是糖

报到那天，我讲完一些事情刚要离开教室，小和就拦住我，笑眯眯地问：“你怎么不给我们发糖？”问得我是丈二和尚——摸不着头脑。我反问他：“为什么我要发糖？”他回答：“你昨天过生日，我从QQ上看见了。我们过生日的时候同学不是都发糖吗？”我这才恍然大悟。我故意绷着脸说：“那我是昨天过生日，今天没有带糖啊。”他悻悻地走了。

第二天正式开学。早上在门口，小和又跑过来问：“你今天发糖吗？”我暗暗想：看来这事对他来说印象挺深刻呢，是不是确实需要表达一下，不过真的要发糖吗？

于是我对他说：“我在等你好好表现了才发呢。”他转身要走，却又蓦地转身高高兴兴地说：“那天你还在我QQ空间留言呢！”我想起来了，是看他家阳台种植了几棵植物开花结果的图，就赞了一下。看来，不能忽视小小的QQ交流的作用呢。于是我说：“对啊，我看你种得挺好的，就给你点赞啦。不过你要记得，我们可是要求周一到周四不准上网的，你要是上了，我可也能看见。”

周三，我背着包到了教室，告诉大家：“都放下手中的事儿，今天我们统一练习两个字，扬起手来，注意观察占格和字形，谁写得好有奖励哦！”我们工工整整地书空了“礼物”两个字。

写完了，我边掏东西边说：“今天都写得非常认真，现在，我有开学礼物送给大家。”小和脱口而出：“怪不得让我们写‘礼物’俩字啊！是不是要发糖？”大家则纷纷睁大好奇的眼睛，问：“是什么呀？”

我说："我可不发糖，吃糖对牙齿不好。"他们都笑了，"我要发就发对我们学习有用的。来，每人一张书签。不是每天读书半小时吗？把它夹在你每天看到的位置，翻书的时候就省事了。"小组长每人一张发了下去，每个人用刚才练的工整笔画书写上自己的名字。

我总共购买了写有《诗经》《纳兰容若诗词》《锦瑟年华唐诗》的三种书签，因为最近刚背诵了部分《诗经》，所以先发了这一款。拿到熟悉篇目的学生顿时兴奋起来："我的是《关雎》！""我的是《汉广》！"还故意大声念了起来。拿到不认识的篇目的学生，就一个个举起来给我看，还要我读一遍给他听。读了五六张，我说："不读了，不读了，后面我们一起学着读吧。"

这场送礼物的插曲总算告了一个段落。

转眼小麟的生日到了。教室里多了一个大袋子，我看了下：哈，不是糖，是每人一个日记本！居然我也得到一本！有人要跟我换，我故意抱得紧紧的："不换，这是小麟给我的，我还要留着抄写《诗经》呢！"

我们的小书架

我站在教室里，左打量右打量，总觉得少了什么，是什么呢？

环顾数遍，才想起来缺个书架。原本有一个钉在墙上的矩形框书架，位置正好在教室后门处，门扇一打开遮了个严严实实。

这就如同一个家庭，不见书如何闻书香，怎么能说有书卷气？

犹记得去扬州，徜徉于精致秀美的江南园林中时，我觉得自己瞬间都变得温婉了许多，大声喧哗都觉得不好意思。看到有人手推童车，带牙牙学语的娃娃从容漫步时，我不由得感慨：从小就在这样的环境中浸润，整日被这样的秀丽、秀气、秀美"濡染"到大，与从容同行，与大气做伴，怎能不儒雅？怎能不温润？

内化于心，外化于行。我觉得必要时也得外化于"形"，有形才有迹可循，环境育人的力量不容小觑。

我为学生购置的小书架

经过反复筛选，我购置了一个树形书架，放在教室窗户下，让它占据教室最明亮的一角。买了几本绘本，又从家里带了些女儿小时候看的书置于架上。告诉学生，随便从架上取书看，要爱惜，轻拿轻放，不要损毁，当然，更欢迎大家把自己以前看过的书拿来与大家分享。不几日，书架上有几十本书了。

最初几日，我也忐忑不安。总校开放书吧不是没少过书，我曾眼瞅着书架之上的书日益单薄。但我私心里又想：学生拿自然是因为喜欢，如果从小见惯了书，触目皆是书，触手可及，也许就不会那么稀奇了吧？

想归想，最初的日子我还是非常小心眼地隔几日抽空数了数，30本连环画居然一本不少！学生很爱护自己捐出的书，偶尔一本找不到踪影，我只要装腔作势地问："哎，那本《老蜘蛛的一百张床》呢？怎么没看见？"一准儿有学生立马掏出来大声说："在我这里，还没放回去。"

每天下午放学时，学生都会自觉主动地把书放回书架。有时，我说选小值日生帮我整理书架，他们一个个都很积极，仿佛选上图书管理员是件极为光荣的事情。记得小宋就催促我好几次："老师，还没选下周的管理员呢。"任谁都能看出他眼中的迫切。有几次忘了选人，也不会看到书架上一片狼藉。小慧和小麟就悄悄告诉我好几次："老师，我们做完值日后顺便把书架整理了。"

正因为这些懂事的学生，我们的小书架日渐丰满起来。原来树形书架的每片叶扇上只有两三本书，现在每片叶扇上都是厚厚的一摞。他们很念旧，刚上学时写的小日记、做的自制书都翻得卷边、发黑了，仍然时时取下来翻翻看。若是掉了书皮、掉了页，马上就有人拿着书去找我修补——砸钉子、贴膜，然后继续“翻”而不厌，乐此不疲。

当然，非常感谢那些学生背后的支持者——家长们，他们不遗余力地支持我们的小书架建设，让孩子捐书分享。我无意中说书架角尖尖，昊霏妈妈、韵羲妈妈立即捐赠了柔软的防撞角。

读书之乐乐陶陶，淘书之乐乐融融，感谢有你们！

书虫超市要开张

在学生眼里，我们一班就是一个快乐的大家庭，每天都有许多故事在这里上演，有快乐、有惊喜、有期待……

所以，我得绞尽脑汁，时不时地给他们制造点新动力。

当我故作神秘地微笑着走进教室，把手里的自制抽奖箱——穿了“新衣”的牛皮纸快递盒放在桌上，学生一个个把脖子伸得像长颈鹿一样长，好奇地看着盒子。好奇宝宝又开始叽叽喳喳地讨论了：“咦？你们看那是什么？”“对呀！是什么呀？”而有的学生则选择静静地坐在那里等待，等待揭开谜底。

“你们猜猜这是什么？”大家都一脸茫然地摇摇头。我打开盒子，可把他们高兴坏了，里面是积分卡，面值一百的、五十的、二十的和十的都静静地躺在盒子里。我旁观着他们的吃惊和高兴，觉着这事有戏！

接着告诉他们这是书虫币，要靠自己努力来争取，比如读完一本书、日记或习作入选一次班级报纸、做一次文化手工品等，都可以兑换相应面值的书虫币，可以用书虫币兑换零食、文具、美术用品……

过了几天，书虫币终于进行了第一次发放。小妮突然说：“我的书虫币怎么是棒棒糖味的？”别人也跟着起哄，小宸说：“我的是干脆面味的。”“我的是橙子味的！”小羲说。小勇手里拿着的书虫币仿佛就是一袋零食，他狼吞虎咽地“吃”了起来，脸上陶醉的表情让我们每个人都笑弯了腰。

我的书虫超市开张了，琳琅满目的奖品正张开双臂迎接这些好读、好写、好学、好玩的小书虫呢！

爱生活，爱诵读，让诗词浸润儿童生活
——在经典传承中获得诗意自信

“汉乐府”这个人

学习古诗《江南》，说到这首诗里有什么景物？有莲叶、荷花、小鱼。我提示他们：“这里面不仅有这些，还有人呢，虽然你没看到‘人’这个字，比一比看谁能从诗句里找出人来。”他们瞪大了眼睛盯了一阵子书，说：“没有人呢。”我说：“‘江南可采莲’，是谁采莲啊？”结果学生的抢答声此起彼伏：“汉乐府！汉乐府采莲！”我不禁笑出声来。可不，平时背诗，都是《静夜思》李白，《回乡偶书》贺知章，在学生眼里，同理，那就是《江南》汉乐府。那我就再简单讲讲汉乐府“这个人”吧。“汉”是汉朝，“乐府”是专门收集歌谣，为诗歌配乐的机构，就好比是中央音乐学院，他们收集整理的作品集就被称作“乐府诗”“乐府民歌”。我们背诵诗词时，如果题目下出现“汉乐府”，那就是说这首作品出自他们的作品集。

课堂上多使用启发式提问，理论上讲是对的。为什么说“理论上”呢？一年级刚入学，学生就是一张白纸。课堂上第一次接触到的内容，该告诉的还是要告诉。人生总得有第一次，不都说学习就是模仿吗？总得给他们第一次模仿的对象吧。

所以，该告诉的还是要告诉。

书到用时方恨少

今天音乐老师外出开会，我借音乐课来连堂测验。

第一节课下课的时候，子龙试探着问："老师，课间能看书吗？"这问话让我多少有点哭笑不得，答道："你说呢？学的时候不多看点，复习的时候不多看点，到考试了你要看书？"

珂华在旁边接口道："书到用时方恨少啊！"

意　外

放学后，老胡车载小胡于后座，途经一处围观者众矣。父子二人皆好奇，意欲围观。奈何小胡人小个矮看不到，只得出言询问老爹："如何？"老胡曰："意外。"小胡应声答曰："驿外断桥边，寂寞开无主。"其实，只是两车相撞尔。

每每老胡说起来，都不禁得意扬扬，虽与场景不契合，却为二年级的儿子"出口成章"引以为傲！

读诗要绘言外之境

古诗词是中华文学宝库中的一朵奇葩，精美绝伦的语言，意境深邃的诗境，脍炙人口。在古诗阅读教学中，除了可以引导学生在反复吟诵中积累语言，品味诗歌的语言美、音韵美、意境美之外，还可以充分借助诗歌，建立起与学生生活世界的联系，通过联想再现画外之图、意外之情，解读诗词之象，领略诗词内涵之境，引导学生进行古诗文读写，提高书面语言的表达能力。

如古诗《池上》："小娃撑小艇，偷采白莲回。不解藏踪迹，浮萍一道开。"教学中我是这样处理的："这首诗虽然只有短短的20个字，但在诗人眼里不仅仅是一个镜头。你仔细看，能看到撑小艇的这个孩子脸上的表情吗？他又是怎么做的？展开想象，把这首小诗当作一个故事讲一讲。"在熟悉了这样的方法后，让学生从《牧竖》（崔道融）、《舟过安仁》（杨万里）、《稚子弄冰》（杨万里）三首诗中任选一首进行诗意拓展写作。

附：学生改编作品

舟过安仁（彦汝）

一叶渔船两小童，收篙停棹坐船中。

怪生无雨都张伞，不是遮头是使风。

一个阳光明媚的下午，杨万里乘船路过安仁县，水面上不时吹过阵阵微风，岸边的柳树挥舞着长长的手臂，宛如一位在春风中翩翩起舞的少女。水面上波光粼粼，微风过处荡起层层涟漪，湖水清澈见底，水中的小鱼不时地游来游去。

不远处的水面上，有一艘小渔船在水中慢慢移动着，船上没有大人，只有两个天真的孩子，他们吃力地划动着船桨，一边划水一边讨论着做游戏。说着说着，兄弟俩脸上不时地露出开心的笑容。划啊划，他们兄弟俩在水上玩了好长时间，这时弟弟划累了，便求哥哥划一会儿。哥哥见别人的船上都有一块大大的布，把它挂在船头不用管船就自己跑，哥哥也想找块布试试，可找了半天也没找到布，这可怎么办呢？聪明的弟弟看到了船上的伞，灵机一动，想出了一个好主意。他迎着风的方向打起了伞，微风一吹小船开始一点一点地移动了。哥哥看了直夸弟弟聪明。杨万里却奇怪："没下雨打伞干什么？"等船儿近了才明白，这俩孩子打伞不为了遮雨，而是用伞当帆使船前进啊！

杨万里的船慢慢地从小孩的渔船旁划过，心中不禁生出几分感叹，小小年纪竟如此聪明，真是后生可畏啊！

稚子弄冰（雅颂）

稚子金盆脱晓冰，彩丝穿取当银钲。

敲成玉磬穿林响，忽作玻璃碎地声。

在一个寒冷的冬天，外面下着雪，小溪也冻结了厚厚的冰，有些孩子在溜冰、打雪仗，玩得正欢。

其中有个小孩子，忽然间有了一个念头。他跑回家，端了一盆水放到外面。第二天早晨，盆里的水结冰了，他把冰剜了出来，又在冰上凿了个洞，穿上彩线，一个晶莹剔透的冰锣做成了。

小孩子一手提着冰锣，一手拿根木棒，开始敲打起来。冰锣发出了悦耳动听的声音。看着这面冰锣，小孩子感到非常得意，就想让大家都来看他的冰锣。

这时，小孩更加用力地敲打起冰锣，嘹亮的冰锣声越过村庄，穿过树林，人们听到声音也纷纷围拢过来观看。小孩正敲打得起劲时，只听“趴啦”一声，手中的冰锣像玉石般碎了一地，小孩呆呆地看着碎冰，围观的人们却哈哈大笑起来，还有人说：“这孩子，真奇怪，怎么把冰当锣来敲啊？”听到这儿，这个顽皮的孩子又是愤怒，又是伤心，禁不住蹲在地上呜呜地哭了起来。

古诗的拓展仿写，让学生既能够沉浸于诗词的优美意境，又能跳出某一首或某几首的局限，有利于书面表达能力的提高。

何彼襛矣，稚子如花

做“学习园地”时，其中有一篇阅读短文，说很久以前孔雀也会飞，由于老爱拖着尾巴炫耀自己的美丽，最终导致身体退化不会飞了。

读的时候，我随口说了句：“是啊，孔雀最早确实会飞呢。你看，古诗里不是就有一句‘孔雀东南飞’吗？”其实，我当时仅仅是半开玩笑地调侃。

没想到的是，一下课，婧淼就冲到教室前端的小书架前一顿找，一会儿工夫笑眯眯地站到我面前，举着一本小人书给我。我一看：哈，原来是一本《孔雀东南飞》！

确实，有些诗句，学生是听不懂。不过，不懂也不要紧。就像有位教育家说的，对于学生来说，不大懂的东西可能像块冰，学生吞进肚里后，自己会化的，不过是花的时间有长有短罢了。总的来说，随着年龄的增长，学生对诗的理解越来越深。这与让学生死记硬背课文不一样，对学生无思想压力，其目的是利用儿童良好的记忆潜力，使之不致白白过去。

我又不由得想起背《诗经》时发生的小故事。一天早读，我走进教室时，我们文静矜持的小王老师正在看着学生诵读《诗经》。

学生正好诵读到“何彼襛矣”。于是，我一把拉住正要离开教室的小王老师，笑盈盈地问学生：“何彼襛矣？”学生规规矩矩地对答：“华如桃李。”我冲一侧歪歪脑袋使眼色，提高音量再问：“看我们的教室里，何彼襛矣？”机灵的学生顿悟，展露着灿烂的笑容齐声说：“何彼襛矣，小王老师。”随后，我们又对着教学楼窗外开得正绚丽的石榴花和芙蓉花进行了对句，虽不是那么合辙，却也美得甜蜜：“何彼襛矣，石榴花开。”“何彼襛矣，芙蓉之花。”谁说幼小的学生对古诗是毫无感觉的死记硬背呢？他们明明领悟了这季节里是谁开得那么绚烂美丽！

更多学生会敲着桌子引吭而歌：“投我以铅笔，报之以橡皮。匪报也，永以为好也！”那“咚咚”的敲桌子声都变得悦耳起来。

再赘述一遍苏轼的名言吧：“腹有诗书气自华！”

何彼襛矣，稚子如花！

东风夜放花千树

开学第一天，我兴致勃勃地问学生：“寒假里我推送给你们一首描写元宵节的词，谁读过了？”在我满含期待的目光里，一片默然，我的心顿时沉入谷底，假期里的惰性就是学习主动性的对立面！只有小羲举起了手：“我背过了。”这真不啻暗夜里的一星萤火，感谢小羲和监督她的父母。

第二天，我想不能就这么把这件事揭过去，也许多问一句会有意想不到的转变呢。于是继续问：“昨天问的那首词你们没读不要紧，谁在小羲背过后产生了好奇，也去找来读了？”真好，童和淼响亮地背了起来：“东风夜放花千树……”伊、萱、宸和轩等人说自己回去读了，但看到童和淼都背熟了，觉得自己只是读了读有些惭愧。我表扬鼓励他们一番，给他们讲了讲大致意思，末了故作郑重地告诉他们：“这首词可要好好背熟，没准儿你们长大了追求自己心爱的人的时候，会用上‘蓦然回首，那人却在灯火阑珊处’呢。”学生哈哈乐了起来，先前背不过的尴尬此刻消失得无影无踪了。

我想，多亏又问了一句，也许这就是料峭春寒里一缕微微的东风，会催开更多的爱生活、爱诗词的花朵吧。

惊　蛰

今日惊蛰，今天的课就聊聊惊蛰。

首先，我就着升旗仪式上的惊蛰话题继续延伸：“今天是惊蛰，是春季的第三个节气。”我们一起背起了“春雨惊春清谷天……”，我在黑板上写下“今日惊蛰”让学生记下来。

然后问他们，“蛰”是什么？学生一脸茫然，我再指着黑板：“看‘蛰’这个字有什么特点？猜猜跟什么有关系？”翊宸急不可待地高高举起手：“‘蛰’字上边是‘执行’的‘执’，下面是虫。就是说春天了，虫子开始执行任务了。”听得同学们不禁笑出了声，我也笑了：“嗯，说得沾边了，沾虫子的边了。”我郑重地给他们解释道：“动物入冬藏伏土中，不饮不食，称为‘蛰’。”

我们接着探讨什么是“惊蛰”：“昨天下了一场大雨，你听见早上打雷了吗？”有的学生说听见了。我故作骇人状模拟了一道雷声“轰隆——”，有几个学生非常配合我，抱胸缩头做出惊恐万分的样子。于是，我们继续交流：“瞧，那道雷把你们都吓了一跳，地里藏着的虫虫们也听见了啊，于是就——”“吓出来了！”“可不，这不就惊了吗？”

我们还了解了惊蛰三候：一候桃始华，二候仓庚鸣，三候鹰化为鸠。认识了仓庚就是黄鹂，学生一个个仿佛大开眼界一般。

不能只认识气候特征，最主要的还要上语文、学语文！于是，我们在摘抄本上写下了两首节选的诗。

一首是韦应物的《观田家》：微雨众卉新，一雷惊蛰始。田家几日闲，耕种从此起。

一首是陶渊明的《拟古·其三》：仲春遘时雨，始雷发东隅。众蛰各潜骇，草木纵横舒。翩翩新来燕，双双入我庐。先巢故尚在，相将还旧居。

伴着清脆诵读声的结束，下课铃也响起来了，满校园里又都是“惊蛰”的学生了。

奖励无关成绩

我进行了几次小奖励，无关写得好坏、纪律好否，也无关成绩优劣，只与做人做事有关。

第一次奖励：昨天记录了关于惊蛰的知识，我嘱咐学生发了日记本把它粘贴在上面。下午放学时发了日记本。第二天一早，我奖励贴好了的同学，告诉他们：我奖励那些认真做事的同学。

第二次奖励：也是昨天，发了一张印有部分《诗经》内容的背诵纸，一部分是上学期诵读过的，一部分是本学期准备吟诵的，布置大家塞到上学期用的资料夹里，今早上把资料夹带来，摆放在教室书架上，省得大家来回背着挺沉的，也不方便装书包。今天早上有17位同学做到了，我奖励那些把任务记在心头并认真完成的人。

第三次奖励：下午第二节上《传统文化》，第一节课前我就去问有多少学生带了课本。毕竟这本书用一学年，而很多学生和家长习惯按学期清理学习用品。果不其然，只有4名学生带了。我便安排学生去借校本《诗文诵读》，这本书人人都有、班班都带。再上课时，仍然有七八个学生没有书。于是，这次我奖励的是懂得张嘴求助的同学，要让学生知道：你不可能“万事不求人”，所以要学会求助。

书山寻路，学海觅舟

初春，天气乍暖，两天里气温骤升至27℃，昨天柳丝上点缀的还是紧紧包裹的芽苞，恍如一夜爆开，每一根枝杈上的柳叶忽地就如花一般四散开，还垂下了细细小小的“毛毛虫”！

于是，一个午休时间我们一起记下了一首小诗。

城东早春

［唐］杨巨源

诗家清景在新春，绿柳才黄半未匀。

若待上林花似锦，出门俱是看花人。

我略略讲了讲大意，学生回顾了各自往年出门看花，游人如织的情景，体会“出门俱是看花人”，就看到频频点头、不住赞成的学生。

下午，我布置了一个“挑战性作业”：我们读过的写春天的诗句里有这样两句“草色遥看近却无”“绿柳才黄半未匀”，生活中到底什么才是“草色遥看近却无”？什么才是“绿柳才黄半未匀”？谁弄明白了有奖，可以画出答案，也可以拍照，还可以用自己的话写下来，但是不要去百度搜索诗句的翻译。

第二天早上，麟带着一张小纸条来交作业了，我接过来看着，她细声细气地解释说：“我查了查每一句的意思。”我肯定了她的学习态度，小红花奖励她勇于挑战的精神，同时也鼓励她："如果你不去查意思，打算用什么形式来表现答案呢？"

我很高兴，最起码有人做了这个作业。

初夏，一日下班晚了，途经教学楼墙根，蓦然发现：石榴花居然已经红艳似火、灿烂如霞了！我驻足，录下了一段一群小麻雀藏身于枝繁叶茂间叽叽喳喳的视频。

次日，利用作业后的闲暇时间，我安排学生两两结伴去观察一下石榴树：花朵有几种形态？花瓣有几种形态？花瓣掉落后的花是什么样子？花骨朵有哪些形态？花朵或花骨朵聚集的姿态有哪些？花朵上有什么不速之客……

放学时，我布置了一个收集资料的作业：收集描写石榴花的古诗，一首奖励一朵小红花。有些学生就说："我要多找几首呢！"也有的说："奖励一颗星星吧？"

我决定满足他们，但也不能轻易地就满足他们："这还不好办？你找几首就给你几朵。不过，只找到可算不得什么本领，要是能找到并且背过了，我就奖励一颗星星。"

第二天，我在摘抄本里发现了诸多惊喜：子谊、童戈、霖、仪、菡、韵羲都摘抄了描写石榴花的名家诗句！更有婧淼、轩玮跑到我面前各自背诵了一首，虽然有一个字错了的小瑕疵，但我依然欣慰不已。

两次小小的作业，足见学生对诗词主动学习的兴趣是在日久熏染中逐步培养的，让诗走进学生的生活才是最好的学诗方法。

清　明

万物生长此时，皆清洁而明净，故谓清明。

清明节不仅仅是祭奠的日子，也不仅仅只能轻诵"清明时节雨纷纷，路上行人欲断魂"。我们了解了"雨打清明前，春雨定频繁"的农谚，在窗台上的微型"农场"播下种子，体验"清明前后，种瓜种豆"。

天气越来越暖和，可以念念韦庄的"满街杨柳绿如烟，画出清明二月天"；也可以读着黄庭坚的"佳节清明桃李笑"，走出家门，踏青、赏春。我们不仅读诗，也读词。欧阳修的"南园春半踏青时，风和闻马嘶。青梅如豆柳如眉，日长蝴蝶飞”，让踏青更富诗意；辛弃疾的“风雨催春寒食近，平原一片丹青。溪边唤渡柳边行。花飞蝴蝶乱，桑嫩野蚕生”，提示我们桑叶萌芽，要准备养蚕了。

听，人们踏歌而来，击打着欢快的乐鼓，正热热闹闹地庆祝节日——“桃奇满村春似锦，踏歌椎鼓过清明”。我给他们讲述我小时候亲手糊风筝的经历，虽然没有写过载着什么憧憬的文章，但跟贾平凹一样充满乐趣。当讲到在小山顶上迎风放风筝比赛时，风筝飞得高了，悠悠然，在高空处翩翩舞着，我们都快活地冲着风筝、冲着远方大喊，他们羡慕得不得了，纷纷嚷着：“老师，带我们放风筝去吧！”虽然我不能带他们放风筝，但为了不扫他们的兴，决定和他们玩一个不受空间限制的游戏。

次日，我开展了“斗蛋比赛”。胜利者固然欣喜若狂，失败者却并不失意，直接在教室内剥皮吃起来。这种几十人同时吃鸡蛋的场面大概是他们未曾经历过的，白水煮蛋都变得格外香！

梨花风起正清明，稚子斗蛋乐无穷

三读《春暮游小园》后游园

春暮游小园

［宋］王淇

一从梅粉褪残妆，涂抹新红上海棠。

开到荼蘼花事了，丝丝天棘出莓墙。

第一次读这首诗是因为一本书，具体书名记不清了，大约是“开到荼蘼”，即便不是也与之差不多。过渡到这首诗，最初并没有什么感觉，也就觉得挺文艺的，只是对“荼蘼”比较感兴趣，居然是一种花。

再读的缘由是练字。字帖比着临，其中就有这首小诗。临写多遍，也就记住了，但心里依旧半丝波澜也没有。

三读《春暮游小园》是在昨晚。饭后沿小区缓缓而行，间或一阵徐徐的香气从侧面扑来。寻香而行，但见海棠树亭亭如盖，海棠花层层如云，一排花树从楼西头绵延至楼东头，整座楼都淹没在香氛里。昂首行于树下，满头、满脸、满身都是香的。浓浓的香，淡淡的粉，蓦地那句“一从梅粉褪残妆，涂抹新红上海棠”就涌进了脑海。可不是，这新妆不恰恰像前度盛开的梅花匀了一丝粉妆给海棠了吗？

当生活入了诗，任何的注解都不需要，自然就心领神会了，这也许就是低年级大量读诗却不需甚解的缘由。

后来，在学生收集交流了描写石榴花的诗句后，我们全班漫步于校园，徜徉于窗外的石榴花下，看遍了榴花似火再开始诵读“王母庭前亲见栽，张骞偷得下天来。谁家巧妇残针线，一撮生红熨不开”，真的体会到“一撮生红熨不开”妙在哪里，真的感受到“一丛千朵压阑干，剪碎红绡却作团”是什么样的景象。

生活，永远是诗意的源泉。

带领学生观察石榴

现在，开启“胡说”模式

自从上了四年级，学生好像变了模样，任凭鼓励、奖励、激励，仿佛都没有任何作用，一个个宠辱不惊，那种感觉，简直就是刀枪不入、无药可救。

没有药也得造颗药！

瞧——

“现在，我们开启‘胡说’模式！”学生顿时大眼瞪小眼：“胡说？”

“对！接下来的‘胡说’模式，你想怎么说怎么说，想到什么就说什么，没有对错之分。张嘴说就是对，不张嘴说就是错。”这样一说，大多数学生觉得好像很简单。

“好，就从你们刚才读过的《山居秋暝》开始说，读完后你们仿佛看到了什么？”我让一竖行学生开始接龙。

G说：“我看到山里下了一场雨。”

F说：“我看到月亮的光线照进少年宫树林里。”

Z说：“泉水从石头上流过。”

W说：“应该是秋天了，晚上挺凉快。”

接龙还不错。到了L那里，大概前半段画面感太强，后半段又有些不好理解的词语，她卡了一下，但是很快说道：“竹林里很热闹。”我马上鼓励她：“看到竹林完全正确。”最后，J接着说：“我看到了莲花。”

一行接龙结束后，进入毛遂自荐补充“胡说”。

Y说：“浣女就是洗衣服的姑娘，竹林里热闹是因为她们洗完衣服从那里走。”

J说：“我觉得不是泉水从石头上流过，而是泉水里有大大小小的石头，水哗啦啦冲着石头。”谁能说不对呢？这就是自己的理解。

N说：“我从那句‘王孙自可留’感受到诗人非常悠闲，你看山里景色这么美，他想在哪里停留就在哪里停留。”

我不禁心里赞叹：“学生们真有颗诗心。”又赶紧给他们补充了几句：“这首诗是王维隐居终南山辋川的时候作的。王维也曾当过大官，此时隐居，那就‘无丝竹之乱耳，无案牍之劳形’了。”接下来，学生又议论了“随意春芳歇”。

“胡说”模式的开启，好似没有了对与错的束缚，打开了学生的话匣子，虽然他们说的跟教科书不一定完全吻合，但我仍然很欣慰。

伴随悠扬的歌声，我们在午写时间书写了这首诗，写完后他们就会唱了，于是我开玩笑说：“要让音乐老师谢谢我啊，教会你们一首歌。”他们也都冲我乐呵呵地笑着。

一本书的旅程

一次翻阅《中国教师报》，恰巧看到好书推荐活动，《那些不愿多读书的孩子，最后到底输在哪儿》的题目吸引了我，就仔细看了看。这一看，就萌生了将这些书据为己有的念头。

因为，书的推介语都很吸引人。

《成长吧，少年》：精选30年来优秀的儿童文学作品，第一辑推出六本版。

《寻找快活林》：42篇以杨红樱、葛翠琳作品为代表的纯真童话集，让孩子们在健康成长的过程中，体会纯真的爱意。

《三个吃冰激凌大王》：16篇以孙幼军、杨鹏、彭懿、汤素兰作品为代表的幻想童话，丰富孩子想象力的同时，让孩子们永远保有那颗能改变世界的好奇心。

《黑眼睛》：15篇以秦文君、梅子涵、张之路作品为代表的成长小说，让孩子们在健康快乐中成长，身心都得到营养。

《天命》：11篇以沈石溪、肖显志作品为代表的动物小说，让孩子们体会到生命的残酷竞争、顽强的生存和追求辉煌的精神，并教会孩子们用豁达、大度、宽容做一只精神口袋，和这个世界温柔相处。

《我不做小箭猪》：17篇以伍美珍、毕淑敏、安武林作品为代表的校园小说，给孩子们合理处理同学朋友之间的友谊以指导，让天真无邪的他们永记青春的美好。

《田螺·秃鹤》：20篇以曹文轩、金波、高洪波作品为代表的纯美儿童小说，让孩子们知道，苦难和成长是分不开的，但任何苦难都将是远景，伤害不了纯洁的心灵。只有认清这一点，再去谈乐观主义，才能理解快乐。而少年时就有面对痛苦的风度，长大后才有可能是强者。

只有多读书，才能领会字里行间的韵味与人生的苦辣酸甜。

于是，我马上订购了一套，准备放在教室里供学生借阅。当然，我也少不了同读。

小书架的书一向要求在学校读，现在也第一次被允许带回家去。最是书香能致远，也许他们现在不理解，日后受益却是无疑的。

一起读吧

期中测试后屡屡有家长咨询："阅读分析丢分丢得厉害怎么办？"我总是回答："除了多读书，没有更好的办法。"

事实也是如此。我们在课堂上讲怎么概括文章主要内容，又是段意综合法，又是抓取中心段；讲各种句式的转变，又是反问句和陈述句的互换，又是变拟人句。这些仅仅是技巧，归根结底要想做题首先得看出其中的规律，这就需要个人的语言感悟能力，而这种能力要在大量阅读中锻炼。

试想，在教室里要求端好课本读篇课文都磨磨蹭蹭、等人读过半才拿出书的学生，你怎么要求他大量阅读？

另外，教室内共读有一个很大弊端：每个班级都有一些思维特别积极活跃的学生，要求思考的问题一提出，他们瞬间就能找到答案并进行交流，虽一再要求再仔细想想，但这时间也不宜过长，过长会打击思维活跃学生的积极性，过短则那些思维较慢的学生永无交流的机会。即便是小组交流，每个组也总是有"谁谁谁不说"的现象。

要想让每个学生切实得到锻炼，最有效的方法就是"一对一"的交流，就是亲子共读，共同交流。

为了不造成过多的浪费，避免有些学生拿到阅读资料像废纸一样扔掉，在征询了几位家长是否愿意且坚持陪孩子阅读交流之后，我发放了这样一封信。

亲爱的各位家长：

自从有了手机和流行的电子产品，您有多久没静心读书了？读书讲究心平气和，再好的书，读书人静不下来，也读不出其中的韵味。能静心读书实在是一种莫大的幸福、一种绝妙的享受！

从现在起，让我们开始一种新生活：让我们一起拒绝“没有时间”的借口，和孩子一起阅读吧！静心去读书，享受游弋书海的乐趣，感受徜徉文字的幸福！

王红梅

2017年11月

回 执

如果您能做到并且坚持下去，请认真抄写这句话：

我承诺，我愿意陪孩子一起阅读，共同交流，并将坚持下去。

回执收回来后，有五个没有签字的。

按照事先的计划就是不承诺的就不发放资料了，可我在心里默默地告诉自己：再给一次机会吧，谁没有个忘事的时候呢？

周五发放了第一份阅读资料，每人一张。我什么也没讲，上面留了个小玄机，也想看看家长们的领悟能力。那就是反面的“随意说说，随意聊聊”部分，我设计的初心是学生和家长分别谈感情。

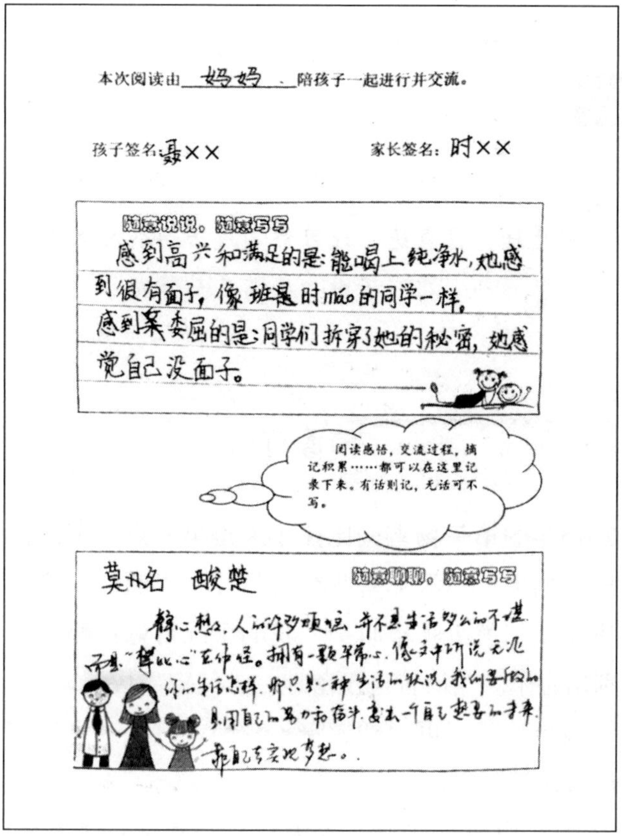
本次阅读由 妈妈 陪孩子一起进行并交流。

孩子签名：聂××　　家长签名：时××

随意说说，随意写写

感到高兴和满足的是：能喝上纯净水，她感到很有面子，像班里时Mao的同学一样。
感到某委屈的是：同学们拆穿了她的秘密，她感觉自己没面子。

阅读感悟，交流过程，摘记积累……都可以在这里记录下来。有话则记，无话可不写。

莫名　酸楚　　随意聊聊，随意写写

静静想想，人的许多烦恼并不是生活多么的不堪，而是“攀比心”在作怪。拥有一颗平常心，像文中所说无论你的生活怎样，那只是一种生活的状况，我们要做的是用自己的努力和奋斗，走出一个自己想要的未来，靠自己去实现梦想。

作业展示

翔、羲、文、霏、昊、曼、雅、婧伊、涵几位同学的家长都领悟了那两张小插图的用意，真棒！

亲子阅读，任重而道远，试看各位家长能陪孩子走多久、走多远吧。

爱生活，爱表达，让习作实践活动融入生活
——在经历中心灵满足而薄发

下雪了

下雪了！2015年的第一场雪，比往年来得早一点。下课铃一响，学生就像离弦的箭一般冲出去，不管那雪花纷纷往脖子里灌，不管那北风呼啸往领子里钻。刚跳进教室门就大呼小叫："我的手冻得好疼啊！""那你就在教室里暖和下，别出去了。"话音还没落地，人又窜出去了。

玩也玩了，疯也疯了，再回到教室，我们就跳跃到了第17课《雪地里的小画家》，趁热打铁学了它。

作业写什么呢？换换花样吧，今天就写一句话：下雪的时候你玩什么了？为了能更入境，我设计了小模板，先画画再写写，一句合格，不厌其多。没想到他们稚嫩的笔记录得异彩纷呈呢。这次作业出现了三个家长代笔，点评的时候重点巩固的是句末使用句号和开头空两格的习惯。也告诉他们无论画得怎么样，在我眼里都是美的，我要看的是学生的作业而不是家长的作业。

第一次写画作品《下雪了》

我把《下雪了》装订起来覆膜，放在教室书架上，告诉大家这是我们共同出版的一本书。因而，他们很期待快点制作第二本书。于是做了第二份写写画画作业——《到我碗里来》。这次没有代笔的家长了，依然充满了童趣，看这样的作业其乐无穷。

写画作品《到我碗里来》

很快，他们主动追着做第三本书。其实我知道，他们只是对其中的画画环节更感兴趣，但是只要能以画代写，对学习有促进作用，这样的活动何乐而不为呢？我又担心会给一些学生造成负担，所以还准备了写生字、组词语的书写作业，让他们二选一。布置作业前，我问：“我是美术老师吗？”他们说不是。“我是你们的语文老师，我布置的作业是比比谁画得最好吗？”他们有些疑惑了，我告诉他们：“只要是你自己画的，就都是可爱的。我是你们的语文老师，我更关注你们图画下面的句子写得是否整齐干净，是不是按我的要求来写的。”他们似懂非懂地点点头。

学生自由写话作品一

学生自由写画作品二

慢慢地，他们更加注重写而不是画了。不但开头空两格，逗号、句号的使用成为常态，而且顶端的日记格式也在日复一日地履行着“重复就是力量”的职责，相信他们很快就会自己使用了。

从《下雨了》开始的叙事写画

5年后又一轮一年级，这次的写画启动是有些随机的。

正值下雨，我的示范就从课间感兴趣的一件小事开始。我先给学生呈现了一幅图，告诉他们：“课间的时候发生了一件事情，我觉得这件事很有意义，就把它记下来了。”画面一出来，看着这些线条他们就嘻嘻地笑。我问他们：“知道这是什么事吗？”学生叽叽喳喳地喊着：“老师画的下雨了。”我说：“是啊，如果我不解释，你们就只知道是下雨了，可是不知道这是谁和谁发生了什么。”

我的随手画《下雨了》

我把句子展示出来，不用要求学生就自顾自地去读了。学生读完了纷纷“哦哦哦”的做明白状：“小成骏捡了一把伞，那个小孩儿是小成骏，大人是老师。”

jīn tiān xià yǔ le ， xiǎo chéng jùn jiǎn

今天下雨了，小成骏捡

le yì bǎ sǎn ， jiāo gěi le lǎo shī 。

了一把伞，交给了老师。

出示句子

于是我告诉他们，如果发生了好玩、感兴趣的事情，也可以像我这样记下来。还有几个懂得比较多的学生喊着：“这是写日记。”我说：“对，这就是日记。‘日’就是每一天，‘记’就是把有意思的事情记下来。”

为了巩固学生的认知成果，我又现场作了一幅令他们捧腹的画。

我的随手画《发小红花了》

这是课间刚刚发生的事情，他们记忆犹新，一下子就猜到了：“啊，这是刚才大家找老师背儿歌。老师手里拿的小红花，我还领了一朵呢。”

我说：“对呀，我觉得大家背儿歌这件事情很有意义，我就记下来了。如果你觉得哪件事、哪个物品很有意思，就记下来，会写的字写字，不会写的字写拼音，句子写完了加上小句号。”

于是，他们现场开始了自己的创作。

学生第一次课堂写画作品

周末，我们又以“自己喜欢的水果”为主题完成了新的创作。

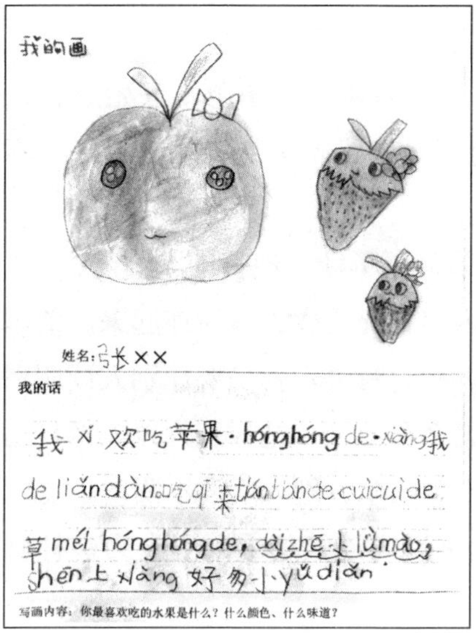

学生写画作品《我爱吃的水果》和《晚餐后》

瞧，谁说一年级的学生不能写作？那“戴着小绿帽”的草莓多可爱，多有童趣！他们无惧修辞方法的限制，不考虑谋篇布局的问题，只要心中有所想，手下就会有所画，做到“我手写我画”。

追问也能成为作文教学的有效途径

今天看到一个学生的日记，大意是这样：

下午爸爸买了一罐糖，我想吃，我就是要吃，爸爸就给我吃了。弟弟回来了，妈妈看到我不高兴。奶奶说：“完了完了，你就先吃了，这可怎么办？”我以后可不敢吃糖了，都是糖果惹的祸。

看得我摸不着头脑，既没挨打也没牙疼，到底惹的什么祸呢？

想到她日记上总是前言不搭后语，没有一点条理，她到底是偷懒还是真不会写呢？我决定叫她来问问。

我们之间多了这么一段对话：

“什么是‘我想吃，我就是要吃’呢？”“我想吃，爸爸不让我吃，我就求他让我吃，爸爸就给我吃了。”

“为什么弟弟回来了，妈妈看到你不高兴？”“弟弟回来了也要吃糖，但是没有了，爸爸说给我吃了，妈妈不高兴了。”

“为什么奶奶说‘完了完了’？”“没有糖了，弟弟就开始闹，怎么也不听。奶奶说：‘完了完了，你吃了糖惹得他哭起来，看你以后还吃不吃他的糖。’”

“那最后怎么样了？”“爸爸又给弟弟买了糖，他就不哭了。”

就这样，我追问一句，让她把说的内容补充进去，最后连起来，前因后果就十分明了了。我让她自己读了读，告诉她，写文章就是要让别人读明白，过程是怎么经历的，自己心里怎么想的就怎么写出来，这样别人才能像自己心里那么明白。要是写的时候图省劲，只想不写出来，别人就读不明白了。

看来，对一些作文起步较差的学生来说，连续的追问不失为一种有效的提高方法。

美食的世界词汇多

刚才有学生告诉我他找到了秋天。有个学生说：“我找到了石榴，树上的石榴熟了，一个个红红的。”

那就顺着刚才的石榴继续吧。“谁能继续补充，自己看到的石榴是什么样的？”

东轩说：“不是所有的石榴都红，有的还是绿色，有的红通通的，还有的裂开了。”

“裂开的石榴像什么？”

小沈说：“像小孩子笑的时候咧着嘴。”

“石榴裂开你看到了什么？”

“一颗颗石榴子儿。”

“你觉得露出来的石榴子儿像什么？”

小妮说：“像七彩的珍珠。”

“像一颗颗红宝石！”

“像红玛瑙！”

然后，学生又逐个说了银杏树叶，好多人手里都扬着一枚捡来的银杏树叶子。

说到楼前柿子的时候，小宸举着一个捡来的柿子给我，顿时下面有一小片口水声。小陈说："我好想吃。"我故意压低声音说："这柿子不能吃！"学生瞪大了眼睛奇怪地看我。"这是些观赏性柿子。"于是都做恍然大悟状："哦，就是只能看的，不能吃的。""对，而且特别涩，要是咬一口舌头就涩得说不出话来。"

我们又去读了《秋天的雨》《听听秋的声音》《五花山》《美丽的小兴安岭》，并找里面描写秋天美景的句子，尤其是那些描写颜色的词语和比喻句，觉得哪些词句适合自己写的景色就把它改写进去，用上讲过的修改符号。

仿写之中练推敲

有些语言距离学生的生活有一定距离，不好在生活中营造情境，但并不妨碍由仿写开始练习技巧。比如课文中那些描写优美的诗一样的语言也可以拿来模仿，锻炼他们遣词炼句、推敲的本领。

如《我爱你，中国的汉字》：

真的，它们可不是僵硬的符号，而是有着独特性格的精灵。你看吧，每个字都有不同的风韵。"太阳"这个词，使你感触到热和力，而"月亮"却又闪着清丽的光辉。"轻"字使人有飘浮感，"重"字一望而沉坠。"笑"字令人欢快，"哭"字一看就像流泪。"冷霜"好像散发出一种寒气，"幽深"两个字一出现，你似乎进入森林或宁静的院落。当你落笔写下"人"这个字，不禁肃然起敬，并为"天"和"地"的创造赞叹不已。

这段文字让汉字在我们眼前展示了不同的风韵，更在学生头脑中生发出无穷的变化。借助朗读后的余味，推敲作者为什么选用这些词语、句式、标点，思考作者为什么能写得如此生动，及时发散学生思维，梳理学生头脑中的汉字形象，仿照该句式写一段。同时拓宽视域，我们还添加了看到成语、看到诗词的联想。

附：学生仿写作品。

艺晴：看到"红"，我仿佛感受到了暖和与热闹；当"蓝"字出现在我的视野时，突然感觉到冷漠与严寒，让我立刻想起了冬天；当课文中出现“大树”，我眼前出现了环保的绿色，触摸到了它苍老的皮肤。

树锟：看到“冷”，就像到了冰天雪地；看到“热”，就犹如看到热腾腾的小火炉。见到“得意扬扬”，不由得就想要大笑；见到“热气腾腾”，就像看到了刚出炉的饭菜。看到“阴森”，就像自己走入了黑暗的大森林；见到“光亮”，就像走进了五彩的世界，洋溢着一丝丝暖流。

姝娴：当我看到“桃花灼灼有光辉”时，仿佛看到桃花穿着被太阳烤得红红的裙子，一缕阳光照到一朵桃花上，送给她一个小亮点。看到“月光如水水如天”，让人眼前一亮，月光柔柔地照在水面上，柔和得像水，那水像天一样湛蓝。“鸟语花香”全是生机勃勃，一朵接着一朵，一簇挨着一簇，小鸟在穿梭，让人心生爱慕之意。

叶圣陶先生说：“阅读时最要紧的还在于多比较、多归纳、多揣摩、多体会，一字一语都不能轻易地放过，务必发现它的特征。唯有这样，才能发掘文章的蕴涵；唯有这样，阅读才能养成用词造句的好习惯。”教师也唯有在挖掘教材时“多比较、多归纳、多揣摩、多体会，一字一语都不能轻易地放过”，才能真正实现读写结合的长效性，才能扎实有效地切实提高学生的书面表达能力。

北风那个吹

为了应对学生习作层出不穷的问题，作文策略也萌生千万，无论哪一种策略，都不能脱离学生的精神世界和生长需要，都应该符合学生的话语方式。

时值节气大雪，下了入冬以来第一场雨夹雪。早上，一走进校园，就看到一个个缩着脖子，犹如奔跑的小鸡一般，急匆匆往教室走去的学生。

于是早读课的时候，我们做了这样一次说话练习：

昨天下了入冬以来第一场雨夹雪。今天早上，刮起了嗖嗖的北风。

______________________________________。

“来，同学们，考考你的观察能力，看谁平时很注意留心观察。请在后面添一句关于人物外貌或动作的描述。”我在黑板上写完这几句话后给学生留了要求。

小张说：“人们都穿上了厚厚的棉衣。”

我提示道：“你说的句子没错。但是，从一入冬，你们就写‘穿上厚厚的棉衣’，到现在还是这一句，没有变化吗？”

小沈说：“人们都戴上了帽子，把手装在口袋里往前走着。”

我给她竖了个大拇指：“你观察到了寒风里人们惯有的一个动作——手抄口袋。”可能是一下子受到启发，学生的思路打开了。

小冯说：“人们都冻得搓着手。”我紧跟着追问：“想想你平时的动作，搓手的同时一般还会干什么？”“还用嘴呵一口气！”他们似乎很为自己这个发现高兴。

小聂说：“人们都把拉链拉到最顶端，恨不得把头也藏进去。”瞧，细节越来越细致了，但句子的组织排列还有待提高，于是我赶紧提示：“你们似乎很喜欢说‘都怎么样’，是所有的人都这个样子吗？如果不是，请描述清楚各自的动作与神态。”

于是，一番议论之后组织起这样一段话：

昨天下了入冬以来第一场雨夹雪。今天早上，刮起了嗖嗖的北风。人们有的戴上了厚厚的帽子；有的把手抄在了口袋里急匆匆地一路小跑，恨不得赶紧到达温暖的教室；有的一边走一边搓着手，还不时地把手凑到嘴边呵一口热气。

以此算作结束是远远不够的，我转身又在黑板上加了一句话：

忽然，又吹来一阵寒风。________________________________。

让他们继续添加描述，不能跟前面的句子重复。

这一轮的思考比前面用时略长了些。小朱说：“路边站着的人冻得不住地跺着脚。”我们继续互动着：“是啊，冷的时候做课间操，你们还没开始的时候是不是也在跺脚？”小脑袋纷纷如啄米状。

“看，我们今天找到了冷风里人们的许多典型动作，比如抄口袋、跺脚、搓手、呵气，还有个动作我猜很多同学都做过，但是你们没注意。”一边说着，我一边搓了搓手、缩了缩脖子，霎时学生齐声说：“对，冷的时候我就是这样，这叫耸肩！”我给他们解说：“这叫缩了缩脖子。”他们不由得都笑着缩了缩自己的脖子。

接着，我们连贯起来口述一遍，并写下来：

忽然，又吹来一阵寒风。我们又使劲儿往上拽了拽棉袄的拉链，缩着脖子，恨不得脑袋都钻进棉袄里面，还使劲儿跺着脚。

窗外北风那个吹，窗内笔尖那个流，这真是一阵美妙的北风！

教学中，我们总以为学生缺少生活积累而不知道写什么，从这件事我们可以看到这样一个事实：无话可说不是因为缺少积累，而是缺少远离生活的观察视角，没有贴近学生生活中的“习作现场”，自然不能调动他们的真实感受。

雾中曲

今天作文，我让学生到校园中观察雾、感受雾，大家扶着栏杆静静地看着。忽然，不知道是谁低声吟诵起来：“晨雾浓，似云烟……”继而，大家不约而同地大声诵读起来：“谁家的孩子……没入晨雾中，人鸭皆不见。”这不由得让我想起了“厚积而薄发”，没有人催发他们，这是真正的情境体验！尽管当时学的时候，他们没有实际的生活体验，但是他们背过了，在脑海中印下了，今天经历了诗中所描绘的生活场景，情境再现，他们就真的理解了那首诗。有几个学生还作起了自己的打油诗：“晨雾浓，似云烟，实验学校被雾淹。谁家的孩子，操场上打球，不见人影，只闻球声咚咚咚，清悠悠，四面传。”

回到教室开始写雾。有学生说：“雾有毒，对人体健康有害！”很多学生都戴上了口罩，我没戴。小宇问：“老师，雾有害健康，你怎么不戴上口罩？”我笑笑无语。

第二天早上，小宇交给我一个彩纸包装的小包。我问：“是什么？”她神秘地说：“你自己打开看看就知道了，很有用处。”回到办公室，我轻轻地拆开，原来是一个口罩，粉红色的外层上绣着一个可爱的卡通妞妞，真美！我不禁心中一阵感动：多细心的孩子！没想到，那么不经意的一个小细节，她却记在心。

教师是辛苦的，教师在这些细微中又是幸福的！我快乐，因为我是教师！

走进文本，入境仿写
走出文本，描绘生活

实践表明，儿童在学习语言和各种技能的最初阶段都要借助模仿这一“阶梯”。尤其是中年级学生，认知特点经历着由直观形象思维到抽象思维的过渡，此时学生的模仿性也最强。根据学生这一心理特点，教学中将典型片段与生活习作教学紧密结合起来，有利于降低学生习作的畏难情绪。

凡入选语文教材的文章，大都是名家名作，无论是内容选材还是结构布局，都是比较典范的，都值得模仿。

如苏教版三年级课文《北大荒的秋天》第4段：

原野热闹非凡。成片的大豆摇动着豆荚，发出了哗啦啦的笑声；挺拔的高粱扬起黑红黑红的脸庞，像是在乐呵呵地演唱。山坡上，大路边，村子口，榛树叶子全都红了，红得像一团团火，把人们的心也给燃烧起来了。

这段文章的结构是典型的总分结构，作者先使用中心句概括写“原野热闹非凡”，然后通过写“大豆、高粱、榛树叶子”，具体写了原野热闹非凡的景象来表现北大荒秋天原野的美。段落教学后，可再现课间活动的快乐情景，引导学生观察都有哪些活动方式，玩得怎么样，引导学生关注到表情。继而运用所学段落结构，进行课间活动场面的描写。

再如鲁教版四年级《桂林山水》：

漓江的水真静啊，静得让人感觉不到它在流动；漓江的水真清啊，清得可以看见江底的沙石；漓江的水真绿啊，绿得仿佛那是无瑕的翡翠。

教学时，指导学生朗读，明白这是一组排比句式，了解排比句的特点是三个相同的句式，描写同一处景物，语言既富有层次感和节奏感，读起来也有气势。然后模仿这个句式写一写“我们的教室真__________”，从身边景物入手，有物可观，有话可写。

如《美丽的小兴安岭》一课的写法很有特点，采用总分总的结构段式，按季节顺序描写景物，文中还运用了比喻、拟人等手法写出不同景物的不同特点。可以引导学生模仿结构段式结合描写顺序来写写自己的家乡，写写自己的校园，写写自己熟悉的一种植物。通过模仿，体悟为什么这样安排材料的先后顺序，练习自己采用一定顺序组织材料的能力。像这样结构的文章，课本中不胜枚举，每个年级都有，可多次练习，结合各种修辞手法的运用，层次提高。

习作，漂流起来

每学期学校都要组织图书漂流，四年级下学期，我们在班内组织了“习作漂流”活动，让每个人都能成为“马小跳”的作者，让每个人都体验一把作家的感觉。

素净的卡纸做封面，我手画我心；简单的方格稿纸写内容，我手书我心。经过简单的装裱，我们的“漂流号”启动了。担负写作任务的学生当天的家庭作业可以不用写，而是在漂流本上写自己感兴趣的事，没有字数限制，没有体裁限制，唯一的要求就是要让读的人也感觉到有趣，每一次承担任务的作者都要读完前面所有作品才可以动笔。为了增加神秘感，作者可以不写自己的名字，只写笔名。就这样，成就了四年级的一册班级书。

五年级上学期，我们开始了组际漂流——每4人小组都有这样一本书，他们共同给自己的团队命名，拟定小组口号，设计小组标志。这样，班里有了12本自制书。

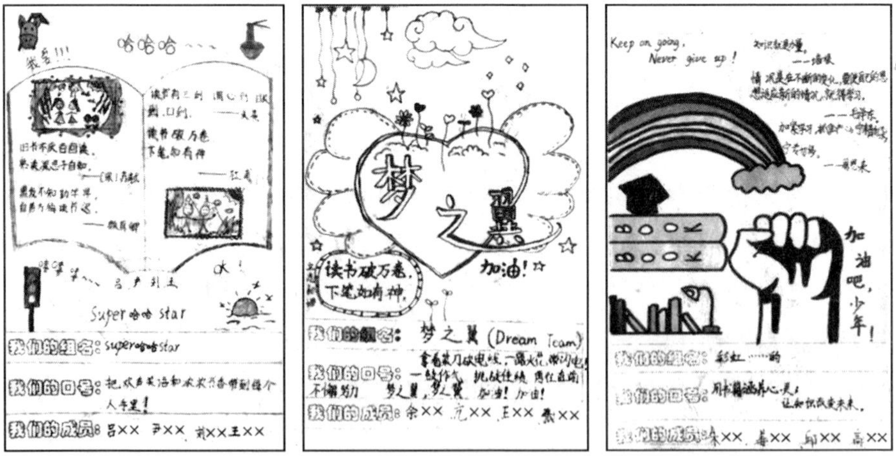

自制书展示

小组漂流本的第一次习作由组长主笔，这样做的好处有很多：书写是本组最美观的，写作水平也是本组最高的，有利于小组“开门红”多得几颗星星。接下来就按照组内编号2、3、4号组员顺序往下排，完成习作的漂流。每一次作品完工，小组集体阅读完毕，从内容与书写两个方面先给自己组打分，然后交换阅读给别的组打分，每次轮换3组，加上自己组和老师的打分，总共5轮打分，满分50颗星。汇总后按照10颗星积一分，四舍五入计入小组加分。

最让我意外的是，每个组的4号队员的作业。因为4号是每组水平最差的那个，唯恐他们仍然会成为“最差”，分配任务前就一再强调，一定要读完前面三个同学的作品才可以动笔！

周一收漂流本，我做先期阅读，惊叹于他们的认真态度和努力表达。由此可见，他们也都有颗上进的心，唯恐拖了小组的后腿。

乐享交流

爱生活，爱交流，以儿童视角融入语文生活
——在言语活动中还原儿童本真

我的一份呢

最近，我们班里流行一句话叫“我的一份呢”。每次要写作业了，他们会边拿本子边说：“我的一份呢？”要读书了，端起书的同时他们会说：“我的一份呢？”要求背诗了，练习之前他们还是说：“我的一份呢？”知道这是为什么吗？

他们很喜欢听故事，隔几天不讲就会嚷嚷“王老师好久不讲故事了”。那天让他们过过瘾，一次讲两个故事，一个故事就三四分钟，一节课总共才40分钟，讲两个就是很奢侈的事情了。我先给大家讲了《小巴掌童话》里的故事《我的一份呢》。

小野猪胖胖跟着妈妈到犀牛奶奶家做客。

犀牛奶奶请它们用餐。犀牛奶奶用大大的盘子，给野猪妈妈盛了一盘鲜美的汤，还送上两块大大的蛋糕。它用小小的盘子，给小野猪盛了一盘鲜美的汤，还送上两块特别美丽的小蛋糕。犀牛奶奶说：“小胖胖，这是你的一份，不够还可以添。”小胖胖有礼貌地说了声：“谢谢！”

用完餐，犀牛奶奶收拾屋子，野猪妈妈帮着洗碗、洗盘子。

小野猪胖胖拉着犀牛奶奶的衣服说：“犀牛奶奶，我的一份呢？”

“你的一份不是已经吃了吗？”犀牛奶奶奇怪地问。

“不是的，您分给我的一份汤和蛋糕，我吃了，非常好吃。”小野猪胖胖说，“可是，干活也该分我一份啊！”

犀牛奶奶笑了，它擦擦手，找来一把扫帚给小胖胖，并亲了它一下：“孩子，这是你的一份。”

小胖胖接过扫帚，有礼貌地说了声："谢谢！"

我们边讲边聊边提问："胖胖要的另一份是什么？它跟长辈说话的时候，你觉得它是什么样的孩子？听完故事你觉得它怎么样？我们应该怎么做呢？"就这么交流着，在讲第二个故事前，我说："瞧，我讲了一个故事了，你们像胖胖一样享受了一份汤。现在，我嗓子很累了，等会儿再讲第二个。现在你们读读书或者背背诗给我听好不好？"就听东轩扬声说道："对，我的一份呢？"大家纷纷表示我读一个、他们读一个，他们也要享受一份劳动。

从此，教室里多了一句流行语："我的一份呢？"

世界上最好听的声音

那天，我给学生讲故事《世界上最好听的声音》。

菊奶奶可神气啦，她能听懂别人心里的话。不过，她被一个问题难住了，是什么呢？

有一天，百合小姑娘跑来问菊奶奶："世界上最好听的声音是什么呀？"菊奶奶想了想回答道："世界上最好听的声音？也许是幸运风铃的声音……好像不对……彩虹鸟的歌声……好像也不对……要不，是金色小提琴的声音……"菊奶奶想了好半天，最后摇了摇头说："对不起，我想不出来。"百合小姑娘挺失望地走了。她还以为像菊奶奶这样的老奶奶，一定能回答世界上所有的问题呢。

菊奶奶当然不可能知道世界上所有问题的答案。不过，当她碰到想不出来的问题时，她会出门去旅行，到五彩缤纷的世界中去寻找答案。所以，菊奶奶穿上她雪白的袍子和透明的水晶鞋，离开了丁香镇，去寻找世界上最好听的声音了。

菊奶奶问正在窝里孵蛋的鸟妈妈："你知道世界上最好听的声音是什么声音吗？"鸟妈妈仰起脑袋："我知道！喏，只要你把耳朵贴在蛋壳上就行了。"菊奶奶小心地把耳朵贴在热乎乎的鸟蛋上，听了好半天，才听到一种细小的"笃笃笃"的声音。是小鸟啄蛋壳的声音！在鸟妈妈看来，小鸟就要破壳而出的声音，是世界上最好听的声音。可是，对于不会孵蛋的菊奶奶来说，这个声音就太普通了些。

菊奶奶继续往前走，一边走一边自言自语："世界上最好听的声音究竟是什么呢？"一只小老鼠爬到菊奶奶的肩膀上，悄悄说："告诉你吧！最好听的声音是猫打呼噜的声音！要是夜里所有的猫都在打呼噜，那么世界就是老鼠的天堂了。"

一群绿色的小青蛙呱呱地抢着告诉菊奶奶："世界上最好听的声音是蚊子叫！嗡嗡嗡，妙极了！"菊奶奶开心地笑起来。

现在，她知道怎么回答百合小姑娘的问题了：在这个世界上，好听的声音有很多。不过，对于不相同的耳朵来说，最好听的声音也各不相同。

讲述故事的过程中，我也停下问他们："你觉得世界上最好听的声音是什么声音？"答案五花八门，让人大开眼界。

小琪说："是小鸟歌唱的声音。"

小婷说："是下雨的声音。"

小童说："是许多鸟儿聚集在一起叫的声音。"

…………

小曼说："是我还是小婴儿的时候，妈妈哄我睡觉唱的摇篮曲。"瞧，读书多的学生就是不一样，尽管有些成人世俗的眼光，但不能否认这真是个美妙的答案。

谁不姓张

语文园地二"读读想想"有6个词：张贴、一张画、东张西望、开张、张爷爷、张开嘴巴。其目的就是让学生通过自己读读，发现"张"字有不同的意思，教学要求又提出不做具体解释。

上课了，我们正接读课文。为了提高每个人读书的专注程度，我从不指名那几个读书特别好的学生分段读，不能让读书只成为几个人展示的舞台，我们都是随意接读，不一定读到哪儿停下，也许不是段的分界点，甚至不是整句结束的地方，叫到谁谁就必须能接上，练的就是专心听、认真看，眼到、口到、心到加手到。

接读完课文，有两个人没接上来。我说："给你们个机会，我们接读个简单的内容，看到第34页下面的6个词，我们接读它，看你能接上吗？”他们都说太简单了，开始战斗一般比着接起来了，毕竟只是词语，比课文简单。接着接着，我叫的名字变成了“张小玮、张小麟、张小琪、张小淼、张小曦”。

读完了问：“发现我叫的人有什么特点吗？”

立马有人发现：“都姓张呢。”

“那我们读的词有什么规律？”

“也都是有‘张’字的词。”

“那这些词也都是姓张吗？哪个‘张’的词意思跟姓‘张’不同？”

“东张西望、张开嘴巴、一张画、张贴。”

“你做个动作表示什么是‘东张西望’。”

“这是一张画，我把它贴上去，让人都看见，就是‘张贴’。”

“那什么是‘开张’呢？”

有个家里开店的同学解释出来了：“就是卖东西的地方开始营业了。”瞧，生活语文更直白、更容易接受些。

昂起头来你也很美

一天，生病缺课的学生很多，教室里的学生稀稀落落的。针对日常很多同学面对提问不思考、不举手，我说：“平常我们全班都来，那么多人，很多时候你举手了，老师却叫不到你，让你没有得到表现自己的机会。今天，只有这么几个人，正是你表现的好机会，为什么不举手呢？举手，说明你进行了思考，努力了，就应该自信地站起来，让大家都看看，即使说错了也没有关系，只有发现错误并纠正，你才会进步，对不对？做了就是成功，脑子越用越灵嘛。”接着，我给他们讲了《昂起头来真美》的故事。

珍妮是个总爱低着头的小女孩，她一直觉得自己长得不够漂亮。有一天，她到饰物店去买了只绿色蝴蝶结，店主不断赞美她戴上蝴蝶结挺漂亮，珍妮虽不信，但是挺高兴，不由昂起了头，急于让大家看看，出门与人撞了一下都没在意。珍妮走进教室，迎面碰上了她的老师。“珍妮，你昂起头来真美！”老师爱抚地拍拍她的肩说。那一天，她得到了许多人的赞美。她想一定是蝴蝶结的功劳，可往镜子前一照，头上根本就没有蝴蝶结，一定是出饰物店时与人一碰弄丢了。

有人说："自信原本就是一种美丽，而很多人却因为太在意外表而失去很多快乐。无论是贫穷还是富有，无论是貌若天仙还是相貌平平，无论是优秀还是默默无闻，只要你昂起头来，自信会使你变得美丽。"

林立的小手中，我让一向默默无闻的小超起来给大家读了一段课文。真好，一个错字都没有，而且声音洪亮。"瞧！你应该有理由为自己骄傲，一个错字都没有。你也应该有理由自信，自己并不比别人差。"随着这些话进入他的耳朵，我看到他那时常低下去的头昂得很高，抿着嘴唇，脸上洋溢着虽羞涩却开心的微笑。接下来的提问，他每次都举手。

新的一周开始，小超就像换了一个人，课堂上频频发言，书写也变得大方整洁了。这些变化同学们也都看在眼里，但同时大家也给他提了个建议：语文课上倒是自信了，可是上其他课还是老样子，希望他能全面进步。

事实上，无论哪一个人，有缺点，肯定也有优点。如何找出他们的长处，如何调动学生上课的积极性，发挥他们的特长，培养他们的学习兴趣，是摆在教师面前的首要问题。

兴趣从哪里来？靠批评、训斥是不行的，要找到他们的优势，通过夸奖，给他们指出方向，让他们看到成功的希望。然后才能扬起风帆，乘风破浪，到达理想的彼岸。当然，夸学生也要讲方式方法：夸学生勤奋，不夸学生聪明；夸学生进步快，不夸学生学习好；夸学生的进取精神，不夸学生居功自傲；夸学生的自信，不夸学生的自负；夸学生不拘一格的创新，不夸学生照猫画虎的重复。

好学生是夸出来的！这对于我们教师来说，需要细心地去发现，细心之下必然有意想不到的收获。

牛郎织女天天见

昨天早上教诵《浪淘沙》："九曲黄河万里沙，浪淘风簸自天涯。如今直上银河去，同到牵牛织女家。"每次教古诗，便于背诵，我总会大体讲讲诗的意思。讲到"同到牵牛织女家"时，就说起了中国神话传说牛郎织女的故事，学生很感兴趣。故事讲到老牛临终遗言的时候，下课了。

今天早上，诵读完《赋得古原草送别》后的几分钟，我又把故事的后半截讲完了。临了，学生半是回味，半是唏嘘，我又说了说“鹊桥”的来历，讲了讲织女星、牵牛星和《诗经》，也不知道他们明不明白。

早读铃响了，翊宸凑过来问我：“老师，你讲的是个神话吗？”我说：“对，这是个神话传说。”他如释重负般：“哦，我说呢，不是真的。我记得以前一本书上讲过，牛郎星、织女星永远不会见面。”我说：“对，你讲的星星不会见面那是科学。我讲的那是故事，是人们美好的愿望。”他满脸笑容地走了。

翊宸这一转身，潇曼挤了上来，朗声问道：“老师，神话里说天上一日，人间一年，对吗？”我说：“是这么讲的。”她接着说：“那他们一年见一次，又都在天上银河边，岂不是天天见面？”你瞧，她这小脑瓜怎么这么多奇思妙想？

养 眼

“识字2”的生字要练习组词了。说到“养”字时，“养花、养鱼、养猫、养狗”等都说出来了，倒是贴近生活，没有脱离实际经验。可总这样不行啊，这些字词好记、好写，但是对于开阔眼界没什么帮助。我们得紧跟时代步伐，也得与新词“拉拉手”，不能太落伍。

又有学生组了个“养老”。不错，大家都知道，要孝敬长辈、赡养老人。

“养生”，学生听着有些耳生，小声交流后，也了解了，生活好了要注意身体，注意保养，就叫养生。

最新莫过于“养眼”了。小曼说：“就是给眼睛养料。”孩子们都似是而非地看着她，大概也觉得这样说不大合理，都在等我的解答。我说：“这样吧，我说几个句子，你们自己琢磨琢磨是什么意思。”

我虚晃五指，故作陶醉道：“我走过一片花田，花儿五彩缤纷，真养眼啊！”

摸着童戈的小脑袋，我说：“小戈的字写得美观大方，看上去赏心悦目，真养眼啊！”

我又恍如惊觉往窗外好奇地探头说：“刚刚看见一个阿姨，亭亭玉立，真养眼啊！”

这么一表演完，小脑袋瓜们纷纷点头，恍然大悟：“养眼就是好看，就是漂亮。”我肯定他们的说法：“对，很多美丽的事物让你的眼睛感觉舒服，给人美的感觉就叫养眼，也就像给你的眼睛提供了养料吧。”

下课了，我正在收拾书本，懿洳、童戈、曼霓凑到我面前，笑嘻嘻地说：“老师，你就很养眼啊！”我刚开始没听清楚，片刻混沌之后明白过来，指着三个小脑袋说：“你们也很养眼啊！”

于是乎，我们相对而视，哈哈大笑起来。

“糸”是什么你来查

“紧”字的“糸”部不是很常用，为了让学生能记牢它，我对学生说：“今天老师遇到了难题，不知道这个部首叫什么。谁能想办法查查或者问问它叫什么呢？最好自己查，不要大人帮忙。”隔了一天，我刚进教室四周呼啦围上一圈学生。大家叽叽喳喳说起了我求助的问题，有的说：“我查了字词典，都没找到。”也有的说：“我问了别人也不知道。”煜说：“我从网上查到了，是下面的，但我不知道念什么。”这时，子佳怯怯地站在外围，不十分有把握地说：“我查到了，叫丝字底。”我问她从哪儿查到的，她小声说：“我家有本《康熙字典》。”我竟然从学生手里发现了宝藏，真是生活中处处有老师啊！

事前虽然抱有希望，但也担心学生不会把我说的查资料的事情当回事，没想到给我这么大的惊喜。以后，可得认真对待他们的每一件事，甚至对他们说的每一句话都得琢磨好了才能出口。小眼睛是雪亮的，小小的心灵纯真透着质朴，是那么不可欺啊！

在家里

学习识字3“在家里”，拼读了词语，识记了单字，书写了生字后，跟学生练习说话：“晚上你在家里干什么呢？”

童戈说："我在家里写完作业以后要天天练琴。"子萱说："晚上，我在家里先写作业，写完作业就帮爸爸妈妈打扫卫生。"小和说："我在家里帮妈妈擦桌子。"随之涌现了很多爱劳动的好孩子，我特意表扬了他们。

第二个话题：晚上，妈妈在家里干什么？

有的说陪着自己写作业，有的说在打扫卫生，这时一个学生说："晚上，我写作业，妈妈在玩手机。"随后是一片附和声："我妈妈也在玩手机。"于是，我赶紧转移话题："那谁能告诉我，哪位妈妈跟你一样爱学习，晚上是在看书的？""哗"一下，举起了一片小手，我迅速数了下，班里46个学生，表示自己写作业时妈妈在看书的有29个，这个数字还是很让人欣慰的。我抓住时机告诉那几个说妈妈玩手机的："回去告诉妈妈，我们班文文、小汝的妈妈都是晚上在家里看书讲故事的，妈妈你也跟我一起看书学习吧！"

心理学家经过研究得出结论：陪伴就是给孩子最大的爱。

和孩子建立亲密的亲子关系，需要每天一点一滴的积累，不是一蹴而就的。高品质关系的建立，需要每天专注地陪伴孩子15分钟。所谓高品质的陪伴，就是在陪伴孩子的时候，父亲或母亲是全心全意地和孩子一起互动，心无旁骛，没有跑神。

可以和孩子一起读书、讲故事；可以和孩子一起游戏或打球；可以和孩子一起听段音乐、唱唱歌；可以和孩子一起坐在沙滩上听海浪的声音，讲解大自然的知识；可以和孩子一起爬山，一起坐在地上研究自然，观察小动物、小花、小草、树木。

在陪伴的过程中，尽可能多一些身体上的接触：拍拍孩子的肩膀，摸摸孩子的头，把孩子的小手放在自己的手里，拥抱孩子，等等。还有，欣赏的眼神也很重要。方法还有很多，而最关键的就是：在那个片刻，为人父母的你是否是全身心的同在。

不多，每天只要15分钟！

现在，引用一段话送给学生的父母，也是现在的自己内心切实的感受：

如果我们现在30岁，

如果我们一直活到80岁，

我们还有50年的时间可以和手机在一起。

只要我们拿起它，

它随时在我们身边，
听我们召唤……
如果我们的宝宝长大了，
如果他们长到10岁、12岁、16岁，
你就会发现：
他们会越来越需要自己的空间，
他们不再咿咿呀呀地“纠缠你”，
不再会“无理取闹”地让你陪他，
不再会像小宝宝一样扎到你怀里撒娇，
不再会拉你在床头，
不再会像儿时一样央求你讲个故事陪她入眠。
你会发现：
在孩子身上，
很多和你最亲昵的时光，
一旦错过了，
就再也不回来……
所以，那些——
陪伴手机多于陪伴宝宝的父母们：
请把手机放在一边，
用更多的时间，
拥你们的宝贝入怀，
慢慢地体味，
真正拥有宝宝的这些年吧。

一口气说不了二十四个葫芦四十八个瓢

《新语文读本》的阅读告一段落，我觉得后面的语文趣味活动很值得跟学生一起品味一下。于是，我用一节自习跟他们一个板块一个板块地进行。

没想到他们最感兴趣的既不是歇后语，也不是猜谜语，而是第一部分的绕口令“一口气说不了二十四个葫芦四十八个瓢”，一个个跃跃欲试。有几个自以为能说到好几个葫芦了，站起来没两句先“哧溜”吸了口气，这才明白原来“一口气”是不准换气。当我一口气念到十个葫芦二十个瓢的时候，学生不由自主地鼓起了掌。

第二天早上，我坐在教桌前继续阅读我的《新语文读本》，听到耳边如同诵经一样的声音，继而声音越来越响，我这才听清，原来是龙龙在摇头晃脑地自言自语：“一个葫芦两个瓢，两个葫芦四个瓢……”先是快念一阵，然后唱诵一气，用好几种读的方式交替进行着，自得其乐。

我不由得心生感慨：要是读诗背课文也能这般响亮该多好啊！真是兴趣才是最好的老师！

换一个角度看

前几日参加一个新教师培训，观看了几节模拟课堂，其中一节课是《翠鸟》。

课文第1段：“翠鸟喜欢停在水边的苇秆上，一双红色的小爪子紧紧地抓住苇秆。它的颜色非常鲜艳。头上的羽毛像橄榄色的头巾，绣满了翠绿色的花纹。背上的羽毛像浅绿色的外衣。腹部的羽毛像赤褐色的衬衫。它小巧玲珑，一双透亮灵活的眼睛下面，长着一张又尖又长的嘴。”

几位新教师无一例外选择了重点句子及关键词比较异同的方法，来领悟抓住事物特点细致观察的方法或体会作者描写用词的精当。

一般处理成“它的颜色非常鲜艳。头上的羽毛像头巾，绣满了花纹。背上的羽毛像外衣。腹部的羽毛像衬衫”。

也有的处理成“它的颜色非常鲜艳。头上的羽毛橄榄色的，绣满了翠绿色的花纹。背上的羽毛浅绿色的。腹部的羽毛赤褐色的”。

几位新教师业务水平非常高，把握教材特点很准确，教学重点目标很明确。从教材自身特点和教法学法上这样处理都是相当正确的，我除了惊艳的赞叹，就是羡慕的感慨。

看过之后，我忽然想到了另一角度。

如果基于学情，那几个包含数量词的句子作为写作片段的训练重点也行。

为什么呢？

三年级是正式习作的起始年级，每年的习作中总会出现很多啰里啰唆的数量词罗列，如：“我的妈妈长着一头长发，两只眼睛，两只耳朵，一个鼻子下面是一张能说会道的嘴。”这还是好的，最起码有些修饰，还有一些很直白的：“小鸡有两只眼睛，一个鼻子，一张嘴，两只爪子，一个尾巴。”

所以，“翠鸟喜欢停在水边的苇秆上，一双小爪子紧紧地抓住苇秆……它小巧玲珑，一双眼睛下面，长着一张嘴”。通过比较就可以发现“一双”“一张”这些数量词不是关键词，那“透亮灵活”“又尖又长”才是能说明事物特点的关键词。写事物外貌不要单纯罗列数量词，只要不是特殊，每个人都是两只眼睛、一个鼻子、一张嘴。

趣解词语

学习一组四字词语，恰好刚学过联系上下文理解词语的意思，那怎么理解这种孤立的词语呢？我们尝试了这样一个步骤：看字面，根据已有经验猜测，就字面意思直译；看插图对照；查词典验证；看插图练习说话应用。

谈自己对词面意思的理解时最有意思，什么状况都会出现，妙趣横生。

比如谈到对“错落有致”的理解时，小迪说：“老师，我知道！就是说这个人错了，落下了，但是他还有的治。”全班一片哗然，他自己也笑了。那么去对照插图吧，突然发现：这图上没有人，不是说人的，倒是地势有高有低呢。

说到“千岩竞秀”时，我先让学生看“岩”，岩石的意思不难理解；看“竞”，想想生活中我们用“竞”说什么词语呢？学生说到了竞走、竞赛。就是比一比。学生做顿悟状。比什么？比比谁更好看、谁更秀美。

解决了“千岩竞秀”，亦博猛然把小手举得很高：“老师，我要猜猜‘万壑争流’。既然最后一个字是‘流’，那么我想这个‘壑’一定是能流动的东西。”此时看插图，或涓涓细流，或隆隆瀑布，跃然于我们眼前。“啊，就是很多河流在比赛谁流得快、流得欢。”

虽然他们的解释并不十分确切，但我觉得比查词典更有意思，这也应该算是掌握了一个小小的本领吧。毕竟我们不能随时都装着一本词典，并且，有了这种猜测，放到具体的语境里去联系上下文就准确多了。

这道题教什么

“学习园地”中有一道题是照样子写句子。

例：

1. 茎上长叶柄的地方，反面伸出枝状的六七根细丝，每根细丝像蜗牛的触角。

2. 如果你仔细看那些细小的脚，你会想起图画上蛟龙的爪子。

第一题很简单，写个简单的比喻句已经不是问题，只要注意把要比拟的现象描述清楚、详细就是不错的答案。

第二题就出现问题了。有些孩子写道：“一说到生日，我就会想起堆成山的生日礼物。”“吃到香甜的面包时，我就会想起勤劳的妈妈。”

句子通顺，表达完整，用上了带点的词，不能算病句、错句。

但考虑到语文规律和语文元素，就会发现这两个例句放在一起，意图是很明显的，那就是掌握比喻句的不同表现形式。我们教语文就是为了掌握有规律性的语言，比喻句就是其中一项必须掌握的技能。

所以，我告诉写上述句子的几个同学，句子很好，不算错，再关注一下“细小的脚”“蛟龙的爪子”有什么联系就更好了，引导他们发现其实这就是一种比喻句，然后进行再创作。

这道题不能教

每年的测试都会有一道关于课外阅读的题，通常是“你最近阅读了什么书？写出一个主要人物的名字或者主要内容”。不管怎么变换，问法也就那么几种。复习时也不乏这种题，有些教师采取让学生记住某本书、某个主人公的复习方式。

但我觉得，这道题不能教，尤其不能用统一的答案去教，我也从来不教学生写什么内容，但允许他们在课堂上自由地说。

也许，教师订正一个答案能实现应试的最佳效果，是防止出错的最佳措施。但是那样做有什么效果呢？

这道题目旨在督促学生养成勤于阅读的良好习惯，也对学生的课外阅读情况略做了解。让学生写上一个统一的内容，答案是对了，但是书读了吗？

我们所做的就是让学生愿意去读，并且真正读了。至于写什么，只要是读的都可以，也许有错字，但并不妨碍他们读书的热情。他们能写出真实的想法，对他们来说也是颇有成就感的。就像我们平时读书，如果觉得一本书好，那一定是津津有味地往下读，或会心而笑，或为之伤悲，谁会特别关注段落结构是什么，作者为什么写、怎么写、抒发什么感情呢？谁会去数用了几个比喻、几个排比、几个拟人呢？谁会挑出几个字词来注音并换近义词呢？谁会挑里面有几个表示动作的反义词呢？

但若是教师统一订正了答案，在学生的心目中就会认为“哦，书不必去读，会填个名字就可以了，会考试就行了，所有的读书都是为了考试服务”。这样的答案，亵渎了书的地位。

这种题，还是不要教为好。

该让谁说

前几日听了一节课，是一节阅读交流课。我认为，阅读交流是学生的主场，教师应是配角。

记得其中有这样一个环节：教师先领着学生认识什么是题目、什么是页码（我个人觉得这该是阅读导读课向学生推介他们还没接触到的书时做的事），然后说：“好了，顺着页码翻到你最喜欢的一个故事所在的页码。”我以为，马上会让学生交流自己最喜欢的一个故事。结果翻开后，教师说：“把书放在那儿不要动，拿出老师发的那页纸。”我看了看身边学生的手里，是教师精选的该书中的一个故事并打印了出来，然后教师引领学生开始按自己的要求读读画画，体会用词的精准，学习概括故事主要内容（我一直认为这是课内阅读分析该做的事情）。我想，运用刚学的概括方法讲讲自己最喜欢的故事也不错。没承想，不是我想的那样，一直到下课，教师也没有再涉及学生翻开的那个故事。

另一个环节：用书中的插图唤起学生的阅读记忆。这是执教老师的意图，很明显。当一幅幅活泼的画面呈现出来时，教师自说自话，一幅幅地讲述这是哪一个故事里的。我想，让几个学生说说这分别是哪一段故事情节的图也许更好。

如果把学生置于主体地位，当引导到他们打开自己最喜欢的那页时，学生此时一定是满腹的话欲喷薄而出，那种献宝似的迫不及待一旦得到允许，一定会眉飞色舞地给小伙伴讲述自己最喜欢的故事内容，必然复述得活灵活现，那样才达到了阅读交流的目的。而教师直接去讲，就犹如一段乐曲高潮时却戛然而止。有时候，学生的主体地位就存在于一些微不足道的细节当中。

又是满满一黑板

周四午写，我鼓励学生："我们在黑板上做个挑战练习吧！"

学生似乎对挑战比较感兴趣，纷纷点头赞同，一个个跃跃欲试准备着往上冲。

挑战规则很简单，就是我书写几个四字词语，谁能根据标画的字找到规律，谁就到黑板上书写有相同规律的四字词语。

其实并不难，无非就是一三还是二四位置上的词是近义或反义，学生一下子就发现了其中的规律，呼啦一下，黑板前就水泄不通了，围得满满当当，抢着往上写自己所知道的词。

这么简单的一道题就能看出谁细致、谁马虎了，小纪在二四位置反义词的条目写了"居高临下"，还特意标注出"临下"，惹得下面同学伸长了胳膊点点画画好半天，弄了自己一个大红脸。小夏在近义词条目下写了毫不相干的一对词语，引得大家一顿点评。

最后来一道"智慧冲浪"，写与"水平如镜"有相同规律的词。一双双小眼睛眨巴了片刻，嘀咕了几句，上场的就少了许多，不过仍然写出了"月光如水、泪落如珠、挥汗如雨、巧舌如簧”，小韩写上了“健步如飞”。我引导他们讨论：“虽然也有‘如’字，但是与前面几个有什么不同？”学生真讨论出来了：月光、泪、汗、舌都是可见的物，“如”字后面都比作了另一物，而“健步如飞”里的“飞”不是一个物的存在。这引出了本体和喻体，我真是打心底里给他们点了一个赞！小韩这个答案被否定得有价值！我再启发他们:“难道比作另一物只能用‘如’？”略长时间的思考后，小聂冲上来写下了“娇阳似火”，下面同学恍然大悟的同时纷纷指点她：“错了，错了，是马字旁！”

看着今天这满满一黑板，我很开心，这是学生积极动脑的成果。

学生“智慧冲浪”板书

作业免写卡诞生记

自期中检测后，我运用从李老师那里“取经”的成果，开始执行每日一听写。中午练字，讲解一个字的写法，练字一行。然后听写9个词语——田字格3行的内容。

全对无劈画记一颗星，只有全对记一个对号，有错字的记数字。连续五天统计之后，有些学生得到了5颗星星。于是，我们诞生了“作业免写卡”——可以凭此卡减免一次抄写类作业。

其实，天天全对的孩子怎么会因缺少这一次硬性规定的抄写而受影响呢？他们之所以保持天天全对，皆因为他们有自主预习、复习的好习惯。

只不过，不爱写作业仿佛是学生的天性，能得到不写作业的“荣耀”，他们也是极其高兴的，那张小小的作业免写卡带着喜气在教室里摇曳着。

周四听写结束，已经听写了11天，可以发放第二张免写卡了。对照记录一核对，有菡、婷、麟三个同学得到了。这说明11次听写他们至少有10次全对无劈画，我很高兴，就是遗憾这样的太少了。也有几个同学如坐过山车一样，比如小纪，既有全对，也有9个词错6个的低谷。

最近几天的听写形式改为了默写——每次出示9个已经学过的词语，给一分钟的读记时间，然后开始默写，可以不按顺序，记住几个写几个。这样既巩固了学生积累的生字词，也培养了他们短时记忆一组词的能力。实践下来，发现学生能力有差距，有些学生每次连3个词都记不下来。我搜索了一下，短时记忆差的原因有很多，但有一条我觉得是这些学生的共性——懒。科学研究资料中有一段话大概是这么说的："如果身体懒散，大脑就会觉得你正在做的事情一点也不重要，就不重视眼前在做的事情，必然记忆的效果很差。"

所以，我决定以后再让他们记忆词语的时候，要求他们必须端坐，腰挺直、体前倾，从身体不懒散开始，让大脑保持警醒。

语言训练必须基于语境

——《为中华之崛起而读书》听课随感

今天听了亚楠、倩倩两位年轻教师的同课异构《为中华之崛起而读书》。两位教师基本功都很扎实，基本教学环节都是常规流程。二人不约而同地抓了三个共同点：一是"抓住主要人物和事件，学习把握文章的主要内容"，都是从三件事入手，进而概括全文。二是阅读感悟都是"从哪里看出中华不振？画出有关语句，写自己的感受"，读、画、批注的环节辅以课本上如何做批注的方法，让学生在阅读中巩固阅读技能。三是都补充了大量的资料来激励学生。两节课环节都很流畅，学生受到的人文教育也很明显。

阅读，最终要指向表达。今天的课堂上，指向表达的语用练习不多，例如"其他地方的人们是怎样的生活""想象这个巡警会怎么说"似乎是练习的口语表达，但是脱离了语言环境，不能贴近学生的语言现场的练习是缺少实用效果的。课文以前的版本有一句话包含了"衣衫褴褛""耀武扬威”“趾高气扬”等词语，如果抓住这几个词语进行联想，好像要比这么单纯的想象有效果，还顺便理解了词语的意思和人物形象。

再如“你的志向是什么”这个说话练习，缺少让学生说“为什么有此志向”的环节，就好比在很多语文测试中都会有一个开放性的题目“你怎么看待____________，为什么”。其实这种题目无所谓正确与否，关键在于回答问题的逻辑性，不能只知其然，重要的是知其所以然，有理有据，再就是训练答案表述的完整及有序。

抛开他们的教学设计，还能做什么呢?

高年级一般有预习课，学生读个三两遍，对内容十之八九就掌握了，所谓以读为主就是这个道理。古人不是说“书读百遍，其义自见”吗?这篇内容也不是很难懂，对于其中“中华不振”的段落又那么集中，很容易能找到。首先值得肯定，抓这一段激励学生是完全正确的。

但是语言训练呢?文章第1～7段就非常适合做表达训练，有场面描写，场景中还有大量对话，有带前提示语的，有带后提示语的，有没有提示语的，涵盖了习作中我们常见的各种“说”的形式。如果用这节内容仿写有语言的片段描写，直接是现成的范本。

爱，不是只有“送雨伞”

一聊到父母之爱，学生发现爱、表达爱就局限于“晚上生病照顾”，再不然就是“下雨送伞”，“一件雨衣只给孩子穿”。记得有一次期末测试阅卷，某班64份试卷，发烧、送雨伞的占了39份！这就是陷入了“爱的应试模式圈”。学生并非不会观察，也不是不懂观察方法，而是不会留心那些生活中平凡的细节，更是因为这些细节没有直击他们的心灵，远不及“套路”作文写得顺溜。这时，我及时补充选文《那一晚的蛙鸣》《爱如茉莉》《最幸福的一晚》，让他们在阅读中了解到，爱并不是挂在嘴上，也不是非得惊天动地、轰轰烈烈，而是存在于普通老百姓的生活中，蕴含在平淡的吃喝拉撒中。我让学生交流阅读感受，回顾自己经历的生活细节，发现和别人不一样的“爱的主打歌”。学生果然有了新的发现：一个体型特别胖的学生，发现了父亲的爱是那瘦弱身躯用自行车载着自己爬坡，他写成了作品《爱是滚滚车轮》；一位小学霸发现了炎炎夏日自己学习时，妈妈总是在固定时间准时为自己准备一杯凉白开，她写成了《爱是一杯凉白开》。像这样的例子还有很多。

我们要充分利用阅读，不断用与学生生活相关联的故事和情节去撞击学生的心灵，让积极的情感态度深入学生心灵，达到披文入情的效果，促进学生树立正确的人生观与价值观。

父爱之舟摇起来

《父爱之舟》是早就读过的，犹记得自己当初读完泪流满面的感动，当时还想，我不喜欢煽情的套路，这篇文章自己就读成这样子，可怎么讲？课前好好温习了年级组提供的集体备课课件，厘清了思路，准备今天也按照集思广益得来的路子讲就行了。

我进门先检查预习情况，两轮提问之后，检查状况并不乐观，七个学生四个一言不发，很明显，一部分学生课前预习压根儿就没有做，也有几个是秉承一贯不作声的沉默风格。反思自己，是自己预习要求提得不具体，检查手段不“铁腕”，造成了“习”可“预”可不“预”，学生放任自流了。

无奈，我决定舍弃先前的教学设计。要求所有人手中执笔重新读课文，把读的过程中认为需要特别强调的字词标上着重符号。以此达到在用心细读中筛取自己认为的精华，捕捉自己认为的关键信息。

其次，相信他们的学习能力，摒弃事无巨细、从头到尾地讲，这就需要了解他们现在掌握到什么程度。

第一轮提问：课后第一题是什么？

淼试图完整地描述第一题的问题，但题目要求很长，她很难做到。我提示：“不是让你们完整描述整个问题，是抓关键词。”小程顿悟，脱口回答：“难忘的场景。”我肯定了他的答案：“对，读题目要抓关键词提取主要信息，看这个题要做什么。”

再问第二、三题题目要求时，顺着这个思路就清晰多了。天翔说：“第二题是回答括号里的问题。”露曦说：“第三题是为什么用‘父爱之舟’为题。”“好了，要明了预习不仅仅是标画自然段序号和生字词，而是要带着课后题给的各种提示去读课文。”

第二轮提问：“合上书，文章读完之后，你的第一感受是什么？什么也不用思考，说直觉。”

“父亲很爱自己的儿子。”

“他们家庭很贫困，生活得很艰难。”我插嘴，“不次于《慈母情深》里的——”“梁晓声。”“所以，自古有句俗语，寒门出学子。历经贫困艰难的孩子，总是格外懂得父母的艰辛。”

“父亲舍不得花钱。”

联结生活：“用现在的话说就是——”“勤俭节约。”

联结课文：“用课文里的话说就是——节省到极点。”“一分冤枉钱也不肯花。”

第三轮提问：“读完文章，你能记住的场景是什么？”

这个问题撒出去，小手林立。

“父亲卖了茧子，给‘我’买枇杷吃。”

“父亲和吴冠中吃凉粽子。”

“父亲背着作者去上学。”

“他们住小旅馆，被臭虫咬了满身包。”

“父亲和姑爹摇船送吴冠中去考试。”

…………

从林林总总的场景描述中看得出，课文基本内容了解得差不多了。我赶紧总结：“有没有注意，你们所记住的这些场景都是讲——”

“父亲！”

“父亲爱护儿子。”

我继续追问思考：“那你记住的场景里有没有儿子的所作所为？”

“父亲卖猪凑钱让‘我’缴学费，父亲走了‘我’哭了。”

“为什么哭了？”

“家里没有钱，凑的钱，‘我’很心酸。”

“父亲给作者买了一碗热豆腐脑，他让父亲先吃。”

“被臭虫咬了，父亲要换一间好的房间，吴冠中没有换。”

到此处，人声渐消。“同学们，前面所说的都很容易被发现。后面还有，但是有难度，再能找到的才是真有读书的本事。吴冠中的表现还在哪里有？”于是一个个都低头再到课文里踅摸。

逐渐地，手又陆续举了起来。

“父亲常说要‘我’念好书，‘我’从不缺课、不逃学。”

“对！念好书是父亲、是全家人对‘我’的——”“期待。”

“‘我’从不逃课是对父亲的——”“报答！”

有了这条思路，另一处立马就被他们发现了：“‘我’唯一的法宝就是考试，从未落榜过，‘我’考上了无锡师范学校。”

还有最难发现的一句也被找到了：“把那只载着父爱的小船画出来。”看，课后题第三题的答案都有了！

上面的内容看来都不用讲了，讲点什么呢？

1. 从课文语句中提取关键词，给第2～8自然段起标题。

他们在黑板上写得五花八门，我观察后要求学生在轩玮“卖茧子买枇杷”的书写形式下找到规律，逐渐归纳出：卖茧子买枇杷、住客栈、逛庙会、吃凉粽、吃热豆腐脑、做万花筒、背‘我’上学、凑钱上学、从未落榜、摇船送学、缝补棉被。分辨这些事件哪些发生在舟上。既然以“父爱之舟”为题，那些不是在舟上发生的为什么也写？

2. 认识回忆性散文，用回忆的方式（倒叙）讲述体现父亲的爱的故事，散文的特点是形散而神不散。

与《慈母情深》《精彩极了和糟糕透了》相比，通过这些小标题，学生能发现上述两篇课文基本上都是抓住一件主要事件进行描述，而本课描写的场景很多，多达十几件。题目是《父爱之舟》，这七八件中穿插着不是发生在舟上的故事，如住客栈、逛庙会、背“我”上学等，看上去时间和文章形式很散乱，这就是“形散”。但是仔细读，其实一点都不散，这些场景都是围绕一根线索写的——父亲的爱，这就是文章的“神”，所以“形散而神不散”。

3. 了解“舟”的含义。实指的是姑爹家的小船，虚指的是父亲的爱。这只小舟承载着父亲对“我”的期望和深沉的爱。舟，就是这篇课文的线索，在“我”读书、考学中反复出现，串联起全文。

至此，基本内容结束。

爱生活，爱操作，让认知与技能融入语文生活
——在知行合一中灵性绽放

每个学生心中都有个喂养的梦

我想要条蚕

清明刚过，还未到麦穗初齐，桑叶也不够肥美，但我们的养蚕之旅已经开始了。

蚕子将出之时，我跟家长、学生约定：蚕养在教室里，每周末分到学生手里带回家养，周一再带回来。每个分到蚕的学生要承诺自己能照顾好蚕宝宝。

第一次把蚕子带到教室，诧异的小眼神满教室乱飘：这能吐丝？这能变蝴蝶？

第一次看到蚁蚕是周二，学生都瞠目结舌："好小啊！比小蚂蚁还小！"我告诉他们，现在还太小，不方便分，到周五，想自己养的孩子带个没有味道的盒子来，可以带回家养。

第一次在教室换桑叶，一片一片地把小蚕清理下来，换上新的叶片，是希望学生明了，照顾蚕宝宝不是那么简单的事，需要细心、耐心，同时告诉他们要洗净手远离化妆品等味道。换完后的那个课间，和和举着小小的手，小心翼翼又略带兴奋地说："我在垃圾桶里找到一条蚕，给你送回来了。"我真佩服他！丢掉的是些斑斑驳驳的叶片和黑黑的蚕沙，小小的蚕宝宝只有一条，他居然找到了！我表扬他："你真仔细！没想到你这么细心，看来得给你几条蚕宝宝让你养着。"得到表扬的他高高兴兴地走了。后面的几天，他诵读声音可洪亮了。

周五，第一节课还没上，和和带来装蚕的盒子就烂了，因为在手里抚

摩、揉捏的遍数太多了。

那天下午，有30多个学生高高地举起他们大大小小的盒子，包括那些害怕毛毛虫的、娇滴滴的学生，他们或三五条，或七八条，捏着几片绿绿的叶子，喜气洋洋地带回了家。

转眼到周一，每个人都有了恋恋不舍的情绪。于是，我没有要求将蚕回收到教室，而是允许他们在家喂养下去。

接下来的日子，教室里每天都洋溢着桑叶的清香。因为有很多找不到桑叶的，学生懂得分享，找到叶子的总是一大包一大包地带到学校分给大家。萱、宸、霏、慧……还有好多学生都带来过，因为他们有坚强的后盾——支持他们的家长们。

有时候，我还会在班级QQ群内看到大晚上寻桑叶的，总有人及时伸出援手，哪怕跨越了整个城市的距离。曼霓妈说，她跟孩子一样兴奋，因为30多年来自己也是第一次养蚕，每次找桑叶都选最嫩的，因为“宝宝牙口不好”。多可爱的学生和家长！

有时，课前我们会交流几句：“长多长了？测量过吗？什么颜色？你看的时候蚕宝宝都是什么姿态？”

有时，学生也互相攀比着。

这几天，和和又不好好写字了，我就故作生气状说：“你要是再不听话就把蚕拿回来。”以往嘟嘟囔囔反驳的他接着就蔫了。办公室同事说：“现在就这事能拿捏他了，他是真在意啊！”

大概每个学生心里都有个喂养的梦吧，比如小狗、小猫、小鱼、小鸟等。由于条件限制，就在这蚕的喂养中满足一下这个小心愿吧。

蚕桑课

转眼间，养蚕成了养蛾子。景瑜是第一个带了蛾子到教室来的，因我以前从未养到过结茧，所以也很好奇，特意去仔仔细细瞅了瞅。说实话，那小蚕蛾实在要比夜晚扑腾的飞蛾可爱多了，眯眯的小眼不仔细找真看不出是眼睛，小小的翅膀，溜圆滚胖的肚子，让我一看到就忍不住想到摇摇摆摆行走的企鹅，再加上细密的短绒，就像一个超级迷你的绒毛玩具。

那日，一个蚕茧引发了一桩“血案”。小谢辛辛苦苦养出了黄金茧，满心欢喜地拿给好朋友景瑜和锐铎共同分享这份喜悦，两个毛头小子却用小剪刀自行帮助茧子开了天窗，却不留神扎死了里面的蚕蛹，害得小谢同学心痛不已，痛哭流涕。了解原因，居然是好奇茧子不开窗到底什么样。于是，我罚他们养的蚕结出茧子后赔偿小谢，并告诫大家："再好奇只能拿自己的成果做实验，不准损坏别人的劳动成果。"

于是，小谢带来的茧子引发了我们的另一堂课，就从小剪刀的破坏开始吧。

"这茧子里面是什么呢？""我们吃的蚕蛹！"

"蚕蛹以后会变什么？""蛾子，再产蚕子。"

"蛹破茧而出，变成蛾子，这叫蜕变，现在常用来形容人变化特别大。"

"那么你对这个小小的茧子有多少了解呢？"

鑫源："可以做蚕丝被！"

若城："好像可以做衣服。"

艺晴："可以做装饰品。"

靖轩："据说一个完整的茧子如果不断可以只抽成一根丝。"

"对，因为当初它就是用一根丝将自己缠缠绕绕，最终'作茧自缚'的。茧子可以抽取丝做成各种真丝制品，所以我们家乡周村当时就有个很大的缫丝厂，专门进行抽丝剥茧的工作，附近是丝织一厂、二厂、三厂。你们知道学校附近的几条街道为什么叫丝市街、绸市街、丝绸路、银子市吗？"

"再想想我们学过的课文《丝绸之路》吧，从这条路上运出运进的货物那么多，为什么却要叫'丝绸之路'呢？"

一张张小脸做恍然大悟状："哦，是因为丝绸名贵，中国号称'丝绸之乡'，丝绸在西域国家那就是物以稀为贵了。"

聊着聊着就越说越远了，我们又聊了真丝、纯棉、纯麻都是纯天然的，穿着要比化纤制品舒适，还聊到了如何鉴定等。这算不算我们初步接触了"蚕丝文化"呢？

我还给他们看了我养的"另类"——并不是所有的蚕都会"作茧自缚"，那些不会结茧的，甚至一根丝也不会吐的，都阻挡不住化蛹的脚步，依旧会蜕变成蝶（蛾）！人也是这样，不必非得跟别人一样，但必须有赖以生存的技能！

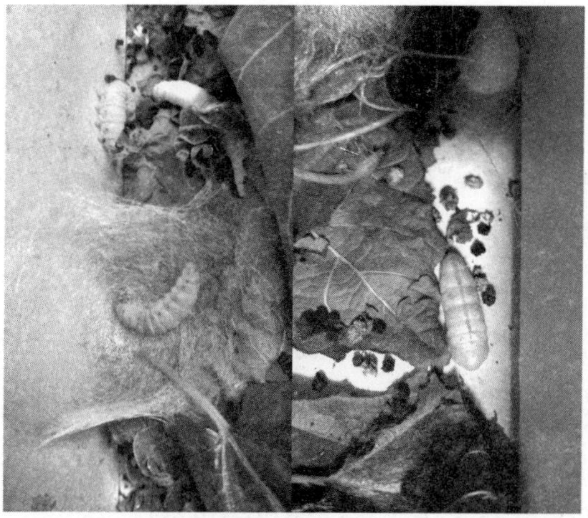

蚕的蜕变

从活动到课程，已有萌芽终须深入思考。

冬至已至，饺子正香

筹　备

去年大雪节气那场全班参与的包水饺活动至今让学生念念不忘。

大雪时节全班学生和家长一起包水饺

韵羲：紫红色的火龙果、绿绿的黄瓜、橙黄色的胡萝卜。放到料理机里轰隆轰隆地转呀转，一会儿就变成了五颜六色的果蔬汁，我们就用它们和面做饺子皮。

诺雨：家长们教我们包饺子的方法，说一定要把饺子边捏紧。可是我们就是不听家长的话，想怎么包就怎么包。因此，我们包的饺子形状很奇怪，有的长，有的扁，有的圆，有的大，有的小，真是“怪怪饺”。

轩玮：水饺下好了，同学们一拥而上，我还没反应过来，一大盘水饺就被同学们一扫而光了。第二锅还是没抢到，第三锅我总算抢到了五个水饺。

今年，学生问过我若干次了：“还包不包水饺？”

到底还包不包呢？别看他们念念不忘，不忘的只是那宏大的场面——家长、学生、老师齐动手；念的也只是“猪多了抢食儿”的氛围——毕竟近百人同食的机会不常有。而他们自己在整个过程曾出多少气力呢？

几次三番地追问后，我决定——包！但是今年包水饺不准家长参加，学生要全程自己完成！不过，为了能让韩老班融入我们的活动，可能不能在冬至日举行了，得延期。

于是，欢呼声里有想大展身手的，有沮丧低头不语的，同时4人一小组，每小组收到这样一张纸条：

A. 40个水饺的面，擀面杖1；

B. 40个水饺的馅儿；

C. 擀面杖1，盘子2，筷子4双；

D. 面板1，装饺子板1。

我的活动原则一向就是全员参与，一个不丢，用他们惯用的一句话说就是“不抛弃，不放弃”，那些不积极的、腼腆的，我生拉硬拽也得拖着他们参加，而且要的就是磨炼小组协调合作的能力，这才是一个集体该有的精气神。

好了，本周末的作业就多了一项练技能！

包起来

摩拳擦掌地策划了两周，包水饺活动终于在周一举行了！

这一天，我们班学生成了校园内一道流动的风景线——像一队搬家的蚂蚁大军！你只要看到人群中端着盘子捧着碗、拎着面团提着馅儿，还有抱着面板、背着饮料、掐着醋瓶子的，那一准儿是四（1）班的学生。在门口保安爷爷带着笑容的点评中，在沿途同学诧异的眼神里，他们依旧雄赳赳、气昂昂地负重前行，奔赴教室。

进入教室，顿时人声鼎沸！叽叽喳喳声里也铺陈好了材料，这本来就是学生的舞台，只要守好自己的一方地盘，就尽情发挥去吧。

听，擀面杖掉在地上的木棍当啷声，小勺子撞击盆子的叮当声，笑闹声、吵嚷声此起彼伏。饺子馅还调得异常丰盛——韭菜肉、香菇肉、胡萝卜肉、蘑菇肉、茴香肉、鸡蛋素，凡此种种。面团也是五彩斑斓——深深浅浅的菠菜面、妖艳玫红的火龙果面、清秀淡橙的胡萝卜面、璀璨如金的南瓜面。

瞧，小霓袖子撸到了胳膊肘上，擀面杖一前一后，眨眼间一枚圆圆的饺子皮完成了，真是好样的！看，小沈同学真是与众不同，别人的擀面杖往前擀，她是先朝后擀，再朝后擀，偏偏那一本正经的小表情让人忍俊不禁。

小菡麻利地前擀后擀仿佛熟练工，我心中的敬佩刚刚升腾，就被擀面杖“啱”的落地声敲碎于尘埃中。再看那边一个个高高举着擀面杖的小伙子，杖头的一张饺子皮俨然已经变身为拉面了，问他该怎么办，旁边的人纷纷喊：“加面！加面！”他却一脸茫然。

灵巧的，小手捏来斗去，几道褶子现身，“小胖子”就成型了；踏实的，捋着那道对边一点一点捏到头，像白扁豆。我心中不禁戏谑：嗯，虽然形状比较奇葩，但将来不愁吃饺子啦！

和自己亲手捏的饺子合个影是今天最自豪的事！各个小组包完后领取了自己的顺序号牌，就坐等饺子下锅了。

自由创意开始了。有大号水饺如蒸包的，有扁平方正似油饼的，有用心地揉搓团得又圆又亮仿佛元宵一般的，还有奇形怪状看不出是何物体的。

饺子下锅，才看出真正水平高低来了。速度最快的一组，怎么能叫水饺呢？饺子皮厚度足有1厘米。就这样，四个学生吃得那叫一个陶醉，一边吃一边说自己的劳动成果就是香！

“包饺子小能手”诞生了！第五组饺子下锅时，引起了大家的一致赞叹。四行排列整齐，每一列的10个大小均匀，四列的大小都近乎一致，虽然馅儿量不够大，但皮薄，饺子边儿捏得紧，下锅几乎没有破裂的。于是，学生一致推选这一组就是今天的冠军组了！

散场了，门外伸进一个小脑袋，原来是翊宸："刚才我们包的那些奇形怪状的还煮吗？"确定不煮后，他找了个纸杯小心翼翼地装了起来，想带回去给妈妈尝尝。真是一个小暖男啊！

冬至日和学生一起包水饺

热气散尽，人去室空，徒留满室饺子馅儿味，恐余味绕梁三日亦不绝哉。

我们组的翊宸发现有一个饺子露馅儿啦，就又包了一层绿皮、又包了一层黄皮……足足包了5层！我们给它起了个名字叫"五福临门"。不一会儿完工了，一个个彩色的水饺整齐地摆放在圆圆的盘子上，就像一朵朵花儿盎然开放。

水饺下锅了，彩色的水饺在锅里上下翻滚着，就像在快乐地舞蹈。饺子终于熟了，我们狼吞虎咽地吃了起来，有藕的、胡萝卜的、黄瓜的……一应俱全，味道好极啦！

学生的日记本很快就被饺子"占领"了。

最忆橙黄橘绿时

去年一入冬，教室的窗台上就布满了学生的自制盆栽，有白菜、胡萝卜、水萝卜，还有土豆、大蒜、绿豆芽，甚至还有几片昙花叶子。

学生在教室窗台上的手培绿植

日子一天天过去，学生不仅要随时关注浇水，还要日日搬出去晒太阳，伴随着学生责任心下的劳作，光秃秃的泥盆子变得色彩明艳起来，窗台上也丰富起来。金灿灿的白菜花、绿油油的大蒜苗、鲜为人知的水萝卜花、青翠欲滴的土豆棵子，学生经常兴奋地说："我要割回去炒鸡蛋吃！"

"教学做合一"理论认为："在生活里，对事就是做，对己之长进就是学，对人之影响就是教。"我想，组织活动于教师而言，就是因为它对学生充满了吸引的魅力吧。

于是，今年我们要将这做中有长进、做中有影响的种植活动继续深化。

今天是2018年的小雪节气，我们的种植故事从一幅自种蘑菇的照片拉开了序曲。

在好奇心的驱使下，我们也决定种蘑菇。消息一出，犹如投石入水，泛起层层涟漪，出乎意料竟然购买了55份菌种包，已经超出了班级人数！一个晚上，我的微信、QQ一直闪烁不停，家长们对孩子的支持与期待超出我的估计。

尤其小羲家长一句玩笑话更是启发了我："好啊，吃喝玩乐一条龙，为什么不做？"对啊，何止是"吃喝玩乐"，应当是"吃喝玩乐种做学"。你看，种植劳作体力劳动是必不可少的；想种好就必须学习各种知识，知识的收集、筛选与实践更少不了同伴之间的交流；变化过程的科学记录，拍照留档还能制作电子相册、动感影集，再加上他们习以为常的活动习作自不可少；最后收获成果以及成果处理必然要大秀一把厨艺，现在就已经有人建议蘑菇收割后进行聚餐了！所有这些都是学生自主、自动、自觉地进行，整个过程有价值、有意义，更有乐趣！

在等待菌种包的时段，我想总不能这么盲目地种，于是先行搜索了蘑菇种植的相关知识。真是不搜不知道，一搜大开眼界啊！原来，菌种分类竟然那么五花八门！一个念头突然萌发出来：种就种个轰轰烈烈，种就种个出其不意。平菇菌种已经预订好了，我又预订了一批红色平菇、榆黄蘑、猴头菇、草菇等，有七八个品种，期待长出成品时能给他们个惊喜！

陶行知说："在劳力上劳心，是一切发明之母。事事在劳力劳心，便可得事物之真理。"由此得出学习方法的论断：运用知识，用心以制力，就是要想如何把这件事做好，如何运用书本，如何运用别人的经验，如何改造用得着的一切工具，使这件事和别的事相互影响。

接下来，我们签订了承诺书：

我承诺，我将全程负责小蘑菇的培育过程，包括了解培育知识、浇水培植、成果采摘与处理等工作。家长只准进行口头指导与器材购置，不能动手参与培育的相关劳动。

菌种包在学生期盼的眼神中拿到了手，怎么培育我可不管。接下来，所有的任务都是自己的，有问题同学之间尽情交流。

从此，班级群里不再寂寞。不仅充满了不同阶段的蘑菇图片，更多的是家长在偷偷交流培育心得。瞧，孩子感兴趣的活动带动了家长们的参与，相信家长们的热情会给孩子以更深的影响。从此，日记本上不再无话可说，蘑菇变大的欣喜、蘑菇不见动静的煎熬等待以及蘑菇被养死了的无奈处处见诸笔端。从此，课间闲聊的热门话题变成了横空出世的"小黑人"。

小纪同学的养菇日志

那天早上，我请几个“种植小能手”介绍自己的培育经验。小宋说：“我周末在家一直给它浇水……”话音未落，旁边人立即反驳：“你要一直浇水就浇死了，应该是喷水。”我问他：“你用什么浇？怎么浇？给大家说清楚。”他这才醒悟过来：“我用小喷壶，每天喷七八次。”小麟立刻站起来补充：“我在菌包两头割了两道口子，爷爷告诉我把菌包放在比较黑暗的地方……”小沈迫不及待地打断了小麟：“我前前后后已经给蘑菇搬了三次家了，第一次养在客厅里，光线太亮。第二次塞到了床底下，光线倒是暗了，但空气不流通。于是第三次我把它放到了地下室。”平日学习上总是不带劲儿的小庭此时扬扬得意地接着说：“我先上网查了应该怎么养，就没这么倒腾。我是这么养的……”小萱伤心地说：“我有些等不及它发芽，自己动手把包装膜撕去了，蘑菇看上去已经干死了。”教室里的讨论越来越热烈，我觉得这超出了预计五分钟的课前研讨，值！教育就要“在劳力上劳心”——让学生学会自主探究，自己解决现实的问题。

不觉一周过去了，进入了蘑菇的收获期。小菡妈妈在群里晒出了那硕大如扇的蘑菇，一群人惊叹之余赶紧告诉她，该采摘吃了，不然就老了。小菡妈妈说：“孩子不让，不舍得呢！”课间，小菡溜进我办公室怯怯地问：“我想把蘑菇带到学校来，行吗？”我高兴地回复她：“热烈欢迎啊，只是你的蘑菇已经很大了，要注意保护好它哟。如果觉得不好带，就考虑拍照给它留下美丽的姿态。至于它，就喂饱你的肚子吧。”她开心地离开了。

周末晚上，大家晒出来的是蘑菇大餐：炒蘑菇、炸蘑菇、蘑菇汤……因为生长得不一致，没有统一聚餐是这次活动的小遗憾。也许，正是这些微小的遗憾，会成为下次活动的动力源泉吧。

有人说，“教育要通过生活才能发出力量而成为真正的教育。”——生活是教育之根本，回归生活的教育才让能教与学真正地发生。

给学生讲解菌种包的种植方法

我们的小舞台

我们经常上课演短小课本剧。比如学了寓言《亡羊补牢》，准备一周就可以表演了。

学生表演《亡羊补牢》登台前相互打气

看看他们自己的文字记录：

我们组提前好几天就进行了精心的排练和道具的准备。漂亮的房子和大树、可爱的羊面具、蓬松的大灰狼尾巴……每一件都惟妙惟肖。

哈哈，接下来就该我们表演了。我们都很紧张，作为导演，我为了给大家缓解压力，就对他们说："演得好是我们，演得不好也是我们，只要我们尽自己最大的努力就可以了。再说了，凡事都有第一次，演得不好那又怎样呢？重在参与嘛！"

刚开始，我的角色是当一只"牛魔羊"，原因是我们头上都戴了一个牛魔王的牛角，所以我们叫"牛魔羊"。萧曼扮演狼，她刚要把羊叼走，我就站起来，大叫道："咩咩咩咩咩！"然后再开始朝她一阵"拳打脚踢"，"萧曼狼"害怕地趴在地上，我顺势拿出了一把铅笔做的道具手枪，对她说："我的枪威力无比，被打到就马上完蛋了！"结果，情急之下枪拿反了，不幸的是，这次倒下的是我。狼趁机把我给拖走了。

我们有时演大剧目——一学期一次，整本书阅读剧目改编会演，每学期一开学就安排任务，有接近一个学期的练习时间。成员按小组自由组合，明确规定不准抛弃组员，哪怕演一棵不说话的大树当场景也得出场。小组组合好后，自己寻找剧本，根据本组人员情况进行改编，剧组分工合作酝酿，选出了导演、副导演、编剧、男主、女主、男二、女二、旁白等。需要的场景道具自己制作，所以人人都是主演，人人都是剧务。

学生小剧场表演《长袜子皮皮》自制道具

整个活动过程就是学生与学生之间的交流和协调，只有在遇到特别的困难时，我才会私下出出主意，一切都是他们自己解决。这个过程不仅是交流合作的过程，也诞生了许多令人捧腹的表演作品。

语文教学很少通过直观的形象再现课文的场景和意蕴，学生无法感受和体验课文所表达的情感与艺术魅力，因此无法很好地完成教育教学任务。而由学生自编自演的课本，则较好地显示了课文的具体形象，是形象化教育在语文教学中实施的有效手段，使语文课程融入学生生活。

童年是一串读不完的诗

1. 由“山童抛石落溪水”开始

今天读杨万里的《晚归再度西桥》：尽日山行意未销，归来再与坐溪桥。山童抛石落溪水，唤作鱼儿波面跳。

其中后一句很多材料解释为：“生活在山里的儿童，他们在溪水旁游戏，喜欢把石子抛向水中，并把这种游戏称作是鱼儿在水面上跳跃。”

我不禁叹了一声：“这个做释义的人一定没有玩过这种‘鱼儿波面跳’的游戏。”

这个游戏就是我们常说的“打水漂”，比较书面的游戏规则是：用扁形石片，在手上呈水平放置后，用力抛出，石片擦水面飞行，石片碰水面后因惯力原理遇水面弹起再飞，石片不断在水面上向前弹跳，直至惯力用尽后沉水。一是比漂飞出去的距离，二是比点击水面的次数。

回想起自己小时候玩儿的情景，那一定是在岸边踅摸很久，立志要找到最薄的石头片，最好薄如刀片。每找到一片扁形的，就反复用手抚摸边缘看是不是够圆滑、够合适。一旦找到趁手的，就奔赴水边，下蹲、弓步、弯腰、歪脑袋，对着水面眯起一只眼瞄了再瞄，然后贴着水面将石片平抛出去。石片不断擦着水面弹跳，不就恰似“鱼儿波面跳”吗？诗人的描写多么形象！

我猜，杨万里是一定深谙其中的奥妙，因为他懂得儿童的乐趣，他有一颗儿童般发现快乐的心。在我心里，作者就是老顽童的形象。

再读他的《闲居初夏午睡起》：松阴一架半弓苔，偶欲看书又懒开。戏掬清泉洒蕉叶，儿童误认雨声来。

也许是在捉迷藏，也许是在遮阴凉，有那么一两个娃娃恰好就找到了芭蕉叶下这个好地方，宽大的芭蕉叶足够掩藏小小的身量。而这一幕恰好被杨万里看到了，他做了什么呢？掬一捧清水“哩哩啦啦”洒到芭蕉叶上，叶下的娃娃一定大喊着“下雨啦”而蹦跳出来。这不是老顽童又是什么？

甚至还有更过分的：“梅子留酸软齿牙，芭蕉分绿与窗纱。日长睡起无情思，闲看儿童捉柳花。”那调皮的老头儿，伸手招呼着满地扑腾柳花的娃娃：“来来，歇歇，爷爷这儿有果子。”把那酸倒自己牙的梅子端给娃娃们，然后满脸促狭的笑意，期待人家咬一口酸水蹙眉头的样子。

他没有把自己当作高高在上的长辈，他是孩童平等的朋友，他有一颗童心、一双瞳眸，才让我们如今能读到“儿童急走追黄蝶，飞入菜花无处寻”的天真烂漫，“怪生无雨都张伞，不是遮头是使风”的狡黠灵动，“稚子金盆脱晓冰，彩丝穿取当银钲”的精灵古怪，给我们呈现了一幅幅古代儿童多彩生活的画卷。

那就让我们做一个描写童年生活的古诗项目学习吧。

2.“如诗的童年”项目探究

——以五年级下册第一单元《古诗三首》为例

（1）统编教材支点

《稚子弄冰》《村晚》《四时田园杂兴》三首古诗都是描写农村孩子生活的作品。同时，本单元的口语交际为“走进他们的童年岁月”，习作主题为写一件成长过程中印象深刻的事，还有课文《祖父的园子》。如果童年是一串光彩夺目的项链，这些就仿佛是一粒粒熠熠生辉的珠子。

不管是傍桑阴学种瓜的童孙，还是敲晓冰穿林响的稚子以及信口吹短笛的牧童，他们都是那样无忧无虑、悠然自得。尤其是《稚子弄水》和《村晚》中的两个孩子，更是被刻画得生动形象、呼之欲出。他们那种自由随性的样子跃然纸上，让所有读者都对他们愉悦的乡村生活心生向往。

每个人都有难忘的童年，只是有些人生活在城市，尤其是在融合信息的时代，孩子们的交际圈小而又小，玩耍的方式也是日益单调。而这些农村孩子的生活方式穿越千年的光阴，翩然跃于我们的眼前，让我们通过诗人的语言，能够清晰地分辨出他们发自内心的快乐，真是令人神往。

（2）项目主题的选定

统编教材从一年级到六年级共有古诗文近130篇，其中直接描写儿童生活或与儿童有关联的古诗均不少，如一年级的《池上》《小儿垂钓》，二年级的《所见》《村居》，三年级的《元日》，四年级的《宿新市徐公店》《乞巧》。这些描写儿童的诗，语言精练，形象生动，塑造了儿童的种种神态，展现了古代儿童多姿多彩的生活。同时，五年级下学期的学生已完成了课标推荐的75首古诗的背诵，有良好的古诗文积累。

传统的诗歌教学的主要目标是让学生将所学习的诗歌完全背诵下来，并能够正确默写，此种教学方式已经远远不能满足有5年诗歌学习经验的学生的需求。将项目学习理念融入古诗教学，创建学习任务，引导学生对古代诸多描写儿童生活的诗作加以探究，感悟传统活动方式的多彩与愉悦，进而促使学生的课余活动方式发生改变，使学生的综合能力在项目探究中得到提升。

基于此，我围绕三首古诗的教学设计了“如诗的童年”项目学习。

活动一：与大诗人PK玩耍技能。

任务：查找描写儿童生活的诗、词并开展小组内赏析（小组要完成20首诗词），完成表格。

诗、词 题目、作者	内容	儿童的活动	活动季节	该季节 我的活动	我的感受

续 表

诗、词 题目、作者	内容	儿童的活动	活动季节	该季节 我的活动	我的感受

活动二：跟随杨万里穿越时空。

任务：

1. 杨万里描写儿童的诗作是独树一帜的，请小组合作收集杨万里描写儿童生活的诗作并进行赏析。

2. 假如你跟随杨万里穿越了时空，会在古代体验哪些趣味盎然的儿童活动？拿起笔来，一试身手吧。

3. 作品呈现方式：短文、绘本、情景剧。

附：学生作品

赵×× 周××
五二 许×× 李××

探秘古代儿童的课余生活

动一：与大诗人 PK 玩耍技能

任务：查找描写儿童生活的诗、词并开展小组内赏析（小组要完成合计 20 首诗词），并完成表格。

诗、词题目、作者	内容	儿童的活动	活动季节		该季节我的活动	我的感受
《四时田园杂兴》范成大	昼出耘田夜绩麻，村庄儿女各当家。	童孙未解供耕织，也傍桑阴学种瓜。	初夏		踢足球、打篮球、钓鱼。	农村儿童的天真情趣。
《小儿垂钓》胡令能	蓬头稚子学垂纶，侧坐莓苔草映身。	路人借问遥招手，怕得鱼惊不应人。	春季		种蔬菜、赏花、摘草莓。	牧童的顽皮形象、悠闲的心情。
《村居》高鼎	草长莺飞二月天，拂堤杨柳醉春烟。	儿童散学归来早，忙趁东风放纸鸢。	春季		放风筝、散步、爬山。	小娃天真稚气、活泼淘气的形象。
《宿新市徐公店》杨万里	篱落疏疏一径深，枝头花落未成阴。	儿童急走追黄蝶，飞入菜花无处寻。	春季		晒被子、晒衣服。	孩童的几分纯真、无限童趣和一些专注。
《所见》袁枚	牧童骑黄牛，歌声振林樾。	意欲捕鸣蝉，忽然闭口立。	夏季		捕蝉。	
《小池》白居易	不解藏踪迹，浮萍一道开。	小娃撑小艇，偷采白莲回。	夏季		游泳、打羽毛球。	
《回乡偶书》贺知章	少小离家老大回，乡音无改鬓毛衰。	儿童相见不相识，笑问客从何处来。	春季		种花。	

沈×× 尹×× 牛××

五（2）
张××

活动二：跟随杨万里穿越时空

任务：

1. 杨万里描写儿童的诗作是独树一帜的，请小组合作搜集杨万里的描写到儿童生活的诗作进行赏析。

2. 假如你跟随杨万里穿越了时空，会在古代体验哪些趣味盎然的儿童活动场景？拿起笔来，一试身手吧。作品呈现方式：短文、绘本、情景剧。

下 篇

花儿趣事·悦谈习惯

瞧瞧一年级的娃

很多朋友一直疑惑我为什么要固执地坚持去一年级，那么费力地自讨苦吃。我想，这大概是一种执念吧。

如果说每一次接新班，就犹如看到一个牙牙学语、蹒跚学步的孩子，在自己的眼中慢慢长大，欣赏着，分享着，喜悦着。那么接手一个崭新的一年级班，就犹如经历了分娩的阵痛后接生了一个呱呱坠地的婴儿，那种对他们的亲是发自骨子里的，那种“月孩子”一天一变化的飞跃的喜悦是感同身受的，是任何年级都没有的体验。

所以，来认识一下这些陪伴我5年时光的学生吧。是他们，用本真、自然的举动影响着我，用本心、本性的言行感染着我，因与他们的朝夕相处，才激励我去寻找具有教育意义的行为，促使他们发生改变，从而促进我们彼此成长。

爱美的小屁孩儿

某日早上，上课预备铃已经响了，我突然发现有俩学生还没来。因为要每日早上汇报到校情况，我就去问小王老师这俩学生怎么回事。结果，小润同学只是来晚了，小孙还没来。我问是小孙请假了吗？是生病了还是家里有事？得到的回答是：小孙昨天在家里玩耍的时候磕着了，脸颊擦破了块皮，忽然觉得自己这样子不帅了，所以今天不好意思来上学！

原来他是个这么爱美的小屁孩儿。

悠　闲

开学前三天，我就发现有几个位置总是在上课前几分钟空着，就特别注意是谁。

这不，有几个学生气喘吁吁、大汗淋漓地窜进教室，可还有一个位子仍然空着。我对着座次表确认了下——小润。回首就看到校园里有个肉嘟嘟的身影正慢慢踱着步子走过院中梧桐树下，又停下脚步仰望了一会儿树冠，也不知道在看什么。我一直注视他走到门口，他并没有像别的学生那样，一看到老师就紧赶慢赶几步窜进来，而是看看我，在门框位置前行几步，又后挪几步，如此反复。直到我低吼了一声："还不赶紧进来！"人家才扯起嘴角，抖了抖笑容，不紧不慢地走了进来。

坐到位子上，他大概还停留在刚才徘徊室外的闲情逸致上，时不时走个神儿。一天不同时间的课上，我大概点了他四次，他都是一扬脸反问我："什么？"我顿时挫败感无限大。

中午放学，我总是要求学生净桌面。环顾教室，仍有四张桌子像杂货店摆摊，乱糟糟的，尤以小润桌子为最。下午让他收拾利索，人家不以为然地笑笑，不慌不忙地一样一样开始收。不过，不出一节课，桌上又满了。

这孩子怎么就这么沉得住气呢？在他眼里，是不是没有值得他快起来的事情呢？

习惯成自然

这有几天不见小和来了，我还有点不习惯呢。

不过，周一到周三不见人影的另一个人——小赫倒是报到了。下午第二节课，我正在看作业，小赫腆着小肚子走到我跟前："我想去拉臭臭。"我示意他赶紧去。他转身往外走，回头看我一眼，又转过头去自言自语道："上哪儿去撕纸啊？哦，我知道了，办公室有。"眨眼不见了人影！

瞧，事实证明：行为养成习惯，习惯铸就性格，习惯养成非常重要！真是"习惯成自然"。

开始上姓名课

今天第一节上了这样一节语文课。

我先请小予同学做了一个示范。为什么请她呢？别看小姑娘个子小，脸上却透着一种比这个年龄高出一截的沉稳，从不见她张扬外显地大呼小叫，总是静悄悄地坐在位子上阅读。她是最先记住小组全部成员的组长，也是第一个认下全组名字的组长。我请她站立在一列同学面前，说出身边每一个同学的名字。不孚我所望，她声音响亮、完全正确地叫出了一列六人的名字。

接下来，我每一列叫出一个同学，响亮地喊出自己所在这一列六个人的名字。

做得比较好的，六个人有两个叫不出；做得不太好的，六个人只认识一个。

于是，我再请每一列同学站起来，先逐个大声介绍自己的名字，再找人说出名字。说不出来的，大家一起告诉他这是谁。

没想到的是，小康竟然将一列组员全部认下来了，因为他并不是小组长，没有日日与组员打交道的经历，我给了他赞赏的掌声。

温馨集体的建设首先要认识到自己是其中一分子，尤其要成为融入其中的一分子。接下来，我布置作业：记住班里小伙伴的名字，下一步要认读小伙伴的名字，违纪违规的学生要拼写十个同学的名字。

接下来，我每天给表现可圈可点的学生奖励“名牌”，正面是汉字，反面是拼音，一个一个点评他（她）是因为哪方面表现出色被老师记住的。一是希望榜样的力量能延续，二是希望这个举动能转变为一种“姓名课程”，在互相交往中认识人、认识名字、认识中国传统的百家姓。

你那个铅笔还有吗

第一次书写拼音词语作业：两个音节组成一个词，一个词语抄写三遍。收起来一看：只写一遍的，弄不懂什么叫一行三遍；dadadagugugu的，不明白dǎ gǔ是一个词，需要连着写；不加调号的；掉字母的……总之，各种想不到的错误都有。

于是，我把学生一个一个叫到跟前教着如何改错修正，顺便巩固一下前期认姓名的成果：“比如你的名字就是一个词，晨曦的名字你说三遍，是‘晨曦晨曦晨曦’，还是‘晨晨晨曦曦曦’？”他们嘻嘻地笑着做出了选择。

对于完全正确、书写认真的学生，也必须让他们成为典范啊！恰巧已毕业的学生送给我一筒铅笔，于是我在每支铅笔尾巴上写上一个红红的“奖”字，准备发给他们。

当我举起铅笔的时候，马上有学生说：“我也有这样的铅笔。”

我立刻一本正经地说：“你那个铅笔和我这个铅笔不一样！”他们眨着疑惑的小眼睛看着我，我接着说：“你的铅笔是你家长花钱给你买的——”立即有些人貌似明白了：“老师的铅笔不花钱。”

我告诉他们，我的铅笔不一样不是因为不花钱，而是因为它代表了一份光荣，只有认真仔细付出努力的同学才能获得它。获得这支铅笔的同学，说明最近几天在书写方面表现得格外优秀，因为认真仔细没有出错。

于是，小小的红“奖”字映衬着得奖的笑脸，仿佛也变得红红的。

接下来，练习书写自己和好朋友的名字，一个个写得格外认真，好像真的做到了看清楚再下笔。写完了就有好几个学生问：“老师，你那个铅笔还有吗？”我说当然有啊，等着送给仔细不出错、书写又美观的人啊！

其实，不仅有小铅笔，还有个极其神奇的小垫板呢。有多神奇？得到我的小垫板垫着写作业会写得格外漂亮！瞧，因为某方面表现出色得到小垫板的孩子可开心了。

小奖励

掉“金豆”

小诺在班里并不起眼，只是很守纪律而已。我对她印象尤为深刻缘于两次掉“金豆”。

第一次是指名拼读，这在课堂上是很普通的现象，就是我教读了几遍，然后挨个叫起来读一读。结果那次叫到小诺，她一站起来“金豆”就落下来，也不说话，问为什么也不说，旁边同学说她不会拼就哭了。唉，只好先让她坐下安慰一下。

第二次是写课堂作业。那是下午第二节课，通常第三节铃声一响就放学。但不管哪个班都会存在那么几个相对速度要慢些的学生，这不，包括小诺在内有四个还没写完，我就在教室等着他们写完。眼瞅着大家站队了，他们还有几个字就写完了，我正跟小琪说掉了一个词，补上这个就好了。就听后面小诺的抽泣声起来了，越哭越厉害，虽无声却抽抽搭搭颇有气势。我问她怎么了，如果不会写，我给找个本子照样子写；如果因为前面男孩画脏了她的书，我负责给她擦干净。可她就是不说话，真急人哪！

我安抚她装书包走出教室，哭声渐消。我又问为什么哭，她说怕写不完。

姑娘，自尊心强是好事，可哭有用吗？得想办法改正，不会拼就多练多问，写得慢就别说话低头快写，难道哭你本子上就哭出字了？

为了点拨一下她，我回首问小琪：“写不完怎么办？”小琪快活地说：“错了就改，改了再写。”瞧，这份豁达，愿小诺能被感染到！

不用管我，我学过了

小寒，高高帅帅的小伙子，口齿略有不清，说话柔柔的。每节课指读的时候，我总是要叫到他，因为他总是低着头，攥着铅笔写啊写，不论是读儿歌还是读拼音，他都在那里写。因为我总提醒他伸出手指，读到哪儿指到哪儿。估计他也忍受不了了，课间跑到我面前说：“老师，你教拼音的时候不用管我，我已经学过了。”

唉，我不由得叹了口气，真会了吗？又一节课我叫到他，抛出几个音节，他并没有全拼对，于是我告诉他："你看，你虽然学过了，但并不代表你全会了。要想全认识，你还得跟大家一起练习才行。"

舍不得啊

今天发了绘本《一口袋的吻》，由于刚读了一会儿拼音，我告诉学生先安静地看三分钟，不吵不闹我就开讲。忽然听到小硕感慨道："好舍不得看啊！"我奇怪："为什么舍不得看？""这么崭新的书，舍不得打开啊！"我对他说："作为一本书，只有让你读了，增长了知识，它才有存在的价值，不然就是一堆废纸。你看，小魔怪不就是读了许多的故事才改变了大魔怪吗？"

回头看还是舍不得！

眼睛疼

早上晨诵读儿歌，朗朗童音，我表扬了一些指读好的学生，忽然发现小吉正端端正正地坐着打瞌睡呢！一边保持端正的坐姿，一边两眼眯着，下巴搁在交叠的两只胳膊上。我不禁纳闷：大早上怎么就这么困？

第二节语文课，学生正在读拼音，我又看到他闭上眼睛趴下了，琢磨着等会儿问问："是困了还是感冒了？"下课铃响过，还没等我问呢，座位上早没人影了！我出教室去寻，就见满门厅里窜得带劲的人群里就有他。我把他叫住问："你上课为什么总是到读书的时候就闭眼，是因为困了还是不舒服？"他犹豫了片刻指着眼睛说："眼睛有点疼。"我哭笑不得："眼睛疼你不休息，倒窜得挺带劲！"这就是典型的玩儿时精神学时蔫。

入　境

讲到二类生字，生字都在书页下端红苹果图形里，我就引导学生：

“快伸出小指头，看谁能摘到那红艳艳的苹果。拼读正确了，就摘到果子了。”40多根小指头高高扬起来，落下去，拼读声响起。

忽然有异声，我循声而望：小聂正张大嘴巴冲着身旁同学，自己小脑袋前后一探一探的，小嘴一张，嘴里发出“啊呜啊呜”的声响，还来了一句：“这苹果不甜！”

洗 了

提问中，我正在寻找高高举起的小手，却看见小宸梗着脖子昂着头，鼻孔下留着两道血痕。我赶紧道：“快去洗洗。”他出去没一会儿就回来了，还是梗着个脖子昂着头。鼻子下面挺白净啊，我奇怪怎么还一副流血的架势：“没洗干净吗？”他一吸溜：“外面下雨了。”我疑惑：“下雨怎么了？隔洗漱间两步远还能淋透了你？”他说不是，却不再说。我怕耽误上课也没再问。

下课一问，他是仰头雨水浇面，用手擦擦就回来了，真有创意。

机智的小妞

早上，小彤拿着一件衣服告诉我：“老师，我的橱子里多了一件衣服，不是我的。”衣服标志性很强，可是我举着在教室里问是谁的，再三询问居然无人应答，就把这件衣服挂在了黑板角上，是谁的让谁自己拿回去。

中午再进教室，衣服还在！我又吆喝了几遍，还是没人认领，我也无语了。

这时，小彤站到我身边笑嘻嘻地说：“老师，我看你这么喜欢穿绿色衣服，这一定是你小时候穿的衣服！”“哦——这是我小时候穿的衣服？”我俩面对面哈哈大笑起来。善于观察，言之有据又不失诙谐，真是个小机灵鬼！

好棒好棒的小诺

用孩子们比较喜欢的绘本《好饿好饿的毛毛虫》的语气来表扬一下这个

小妞妞："好棒好棒的小诺！"

早上听古诗录音，大多数学生都能掏出书来，找到对应页伸出小手指着，可也总有一部分学生让自己的书本在家睡大觉。没有书的学生就无所事事了，我就嘱咐："没有书你可以看同桌的书啊。"有些小同桌就友好地合作了。

小诺读绘本

一回头，我就看到坐在前排的小诺，身体不舒服地扭转着，让后排的子淇能与她一起看到古诗。为了不打扰她们读，我从背后偷拍了一张。但一想好榜样要鼓励，我又为她们拍了一张正面照，并且暂停，让同学们都注视她们。于是，乐于助人的小诺带动了一片乐意与同桌分享的学生。

我一个也没空着

课堂上正在做练习卷，教室里静悄悄的，连往日絮絮叨叨的小陈都不说话了，我心中窃喜：同学们还是一日比一日沉稳了，终归有点变化啊！

这份练习中有个给汉字注音的题比较密集，我当时说，如果遇到不熟悉的暂时想不起来，千万不要在那里思考这一个字，先往下做，把会的题写完了再回来想想这个不会的。

转眼下课了，就听小伊兴奋地说："我一个也没空着，全写上了！"哦，看他那种溢于言表的快乐，太过了解他的我实在不忍心戳破他那成就感爆满的气泡，先让他快乐会儿吧。组长收作业一个一个收过去，小伊又向组长宣告了一遍："我一个也没空着，全写上了！"

做完练习后，我坐在前面飞快地浏览着作业，看到书写整齐美观的作业时，就赶紧借机表扬："呀，我接连看了几份作业，写得那么整齐美观，真让人赏心悦目啊！这几份作业是韵羲、燕妮、璐菡……"小伊坐在第一排，正和我面对面，就见他马上抬起头说："我一个也没空着！"

"哦，我又看到了麟、曦、童的作业，笔画有力，大小均匀，叫人看着真舒服啊！"小伊马上又回头对后面的同学说："我一个也没空着！"

瞧，每个人都渴望得到别人的赞扬和认可，学生更是这样。我赶紧对他说："你的进步我也看到了，你今天表现很棒！嘘，不过不能再说话了，再说话就耽误写作业了。"他总算心满意足地按捺住那颗澎湃的小心脏，开始安稳地继续写作业了。

一下课，小伊捏着两页田字格纸跑到办公室找我："昨天晚上我爸爸又重新给我听写了，我也改错了。"

顿了顿好像又想到什么，自我评价了一下："嗯，我觉得写得差不多了。"想想昨天听写12个句子，他只写上了一句，看拼音写词语16个词他只写得出4个，再看看他今天的表现，我必须大力表扬！

我们工作中，如果有人夸奖我们某个方面做得好，通常下次再干的时候会格外带劲，也就是兴趣先导了。每个人都有属于自己的优点，当这个优点被大众挖掘、认可、肯定，那这个优点就被放大了。利用放大的优点去带动其他方面，肯定会有意想不到的进步。成人如此，学生亦然。

不是语文的收获

周五第二节课带学生去五楼阅览室读书，先是领着他们在门外走了一圈，发现他们居然对阅览室那么狂热。第一次正式阅读，尽管有些熙熙攘攘，但投入劲儿可喜。我终于可以光明正大地"威胁"他们了：古诗文背诵跟不上进度不准进去看，作业书写潦草不规整不准进去看！

于是，每周五古诗背诵打钩的表格前人满为患，每周五的作业写得特别认真，还是喜欢看书的学生多啊！

我的发现来自楼梯之上。我们教室在一楼，第一次去分为四组，每组组长带队去，我最后上去。小芝并不是最后一组，却跟我差不多同时到阅览室。我没在意，当时想小芝有点胖，走得慢很正常。下楼梯时我发现了问题：我们下楼梯都是两脚一左一右交替进行，小芝是左脚迈一阶，右脚紧跟到这一阶，再抬腿还是左脚到下一阶，右脚再跟上。而且两只手在身侧紧紧抓住栏杆扶手，仿佛身处悬崖峭壁唯恐掉下去一般，这样他才落到大部队后面并被远远地甩下了。我为了看紧大队人马，嘱咐他自己小心下楼，不要着急紧张，慢慢走就是，而自己赶紧下楼追大家去了。

第二次再去阅览室，上楼梯我就赶上了小芝，发现他上楼梯的方式跟下楼梯一样。这回，我看着他慢慢上楼。再下楼时，我叮嘱每一队的小组长带好自己的一队小心下楼，自己则陪着小芝一起走。

我告诉他，跟我抬脚一起走。我喊着“左脚、右脚、左脚、右脚”，我俩仿佛“一二一”齐步走，就是慢了点。走了一层楼之后，我不再喊左右脚，我俩念“一二三，四五六，大脚小脚一起走”，他依然能卡着节奏交替脚前行，那两只紧紧抓着栏杆的手也松开了一只。我鼓励他说：“真不错，就这样走下去，是不是比以前下楼的方式轻快些了。”

第三次去阅览室，上楼下楼再看小芝，虽然还是比别人慢，但是我什么也没说，他也左右地交替行走了。

回到办公室，我跟同事说：“我今天太有成就感了，我教会小芝下楼了！”同事戏谑：“这语文老师还什么都教呢。”是呢，虽然这不是语文知识的事，但事关学生成长，这个收获令我很高兴。

例谈一年级语文课堂行为习惯的培养

我国著名教育家叶圣陶说过一句话："教育就是培养良好的习惯。"习惯是一种巨大的力量。习惯一旦形成之后很难改变。因此，一年级新生入学时行为习惯的培养尤为重要。

1. 培养课前准备学习用品的习惯

入学初，我说："同学们，拿出练习本写字。"小朱拽过大书包，"哗啦"一声把所有的东西都倒在地上，一件一件挨个儿找，找出练习本，再一件一件装进书包。写着写着，写错了，需要橡皮，他就再"哗啦"一下，重复刚才的动作。

因此，我要求学生课前必须把语文书放在课桌中央，以备随时翻开；练习本、垫本、学习乐园、铅笔盒等放在课桌右上角。课桌上放一支铅笔、一块橡皮。

这项任务每周抽查三次，不使下课贪玩忘记准备的学生有机可乘。

2. 培养学生坐的习惯

好动是学生的天性，一节课35分钟，至少要保证学生有15分钟左右专注听讲，这样才能完成预设的教学目标。

最初，教师可以和学生一起玩"一个鸡蛋皮"的游戏："一个鸡蛋皮呀，生了病呀。什么病呀，大脑炎哪。请医生呀，来不及呀。躺在床上不许动。"

这个游戏虽然没有什么科学性，但是简单易做，朗朗上口，每个学生都会做，而且具有一定的挑战性。游戏过程中，学生都不肯认输。这样，在游戏中，比一比谁坐的时间长，表扬一下；坐不住的也要提醒："如果你能安静地坐这几分钟，你就战胜了自己的坏习惯，就能坚持一节课，获取更多的知识，成为一个有知识的人。"

第二个游戏叫"学做解放军"，这个游戏有一定的强制性，教师要看表提示他们过了多少秒钟，看看谁能坚持一分钟不动，慢慢地发展为两分钟、三分钟，循序渐进。经常这样定心坐，可以磨炼学生的耐性，还可以去掉学生身上的浮躁之气。

经过一段时间的训练，就可以选拔能力强的学生干部。预备铃一响，带领同学们唱歌、背诗，让同学们在喧嚣的课间活动后很快平静下来，进入课堂教学的情境中去。

3. 培养专注听讲的习惯

有一天，我讲生字“燕”，这个字笔画较多，容易写错，我就和学生一起编了个儿歌：“草字当头口字当身，翅膀分两边，左一片右一片，尾巴展开四个点。”写完一看，只有没有认真听讲的小鑫写错了。

可见，同样坐在一间教室里，听讲认真与否，学习效果截然不同。因此，当讲到某个知识点时，我总是先提醒学生把目光集中于老师身上或黑板上。因为，若对学生坏习惯视而不见，会出现一批需要补课、等待转化的学困生。

4. 培养学生收净桌面的习惯

小卿上课经常因为不专心或者写字速度慢被我提醒。经过留心观察我发现，他把用不着的学习用具也都放在桌面上，比如彩色铅笔、各种尺子、音乐书之类。对于自制力差的学生来说，这些都是干扰因素。因此，我要求学生每次上完一节课就把用过的东西全部装起来，桌面上只准摆放下节课需要的学习用具。

5. 培养学会利用作业后零碎时间的习惯

课堂作业的时候，教师要力争做到面批面改，不带回办公室看。我通常以中等学生为坐标，设计17分钟以内的作业，这样，快与慢均在12～25分钟之间徘徊。早写完、批阅完作业的学生就回到座位上读书，不管是文字书还是绘图本，都可以看。我只有一个要求：自己阅读，不讨论、不交谈。这样，学生只能去跟书对话，哪怕看进去一句也是进步。

以每个学生每次作业后有10分钟的零碎阅读时间计算，每学期也会有900多分钟的自由阅读时间。即使按一年级最低水平每分钟阅读50字计算，也会有近5万字的阅读量，速度快的学生更多，这对于补充课外阅读是一笔不小的财富。

磕磕绊绊的一年级走过来了，看着这些初入校时的懵懂顽童一天一个样地变化着，我的喜悦是无以言表的。

学之初，重养习

如今我的女儿也即将步入小学一年级了，入学是孩子生活的新起点，是人生道路上的一段重要里程。从孩子背上书包、兴高采烈地走进学校的第一天起，就意味着告别了以无忧无虑的游戏为主要活动方式的幼儿时代，开始正式跨入以学习为主要任务的学生时代。这个时期既是孩子的知识含量大幅度增长、开启智慧之门的黄金时期，又是培养良好学习习惯的最佳时期。一年级班主任的作用更为重要，工作更需细致，以帮助孩子度过幼小衔接的不适应期。

作为一名常年在低年级工作的老教师和一年级新生家长的我，针对从幼儿园到小学作息时间、环境和学习内容发生变化的问题，给一年级班主任接手新生提几点建议。

1. 面带微笑，细致入微地接待、对待每一位新生，让他们对学校、对班级、对老师充满亲切感。“亲其师，信其道”，乐于上学，就不会对学习产生畏惧情绪。

2. 带领学生熟悉学校环境，熟记厕所的位置、自己所在教室的位置、楼梯路线的走法、老师的办公室位置。

3. 针对幼儿园生活习惯的不同，教学生课间休息时饮水、如厕（一定嘱咐不随地大小便）、游戏，做好课前准备，如准备哪些学习用品、怎么分辨铃声。

4. 对楼上生活的安全制度有所了解，增强自身的安全意识。

5. 讲解最基本的上课纪律，第一天不要提得太烦琐，防止学生对上课望而生畏。一年级最重要的任务是培养学生的学习兴趣。纪律中尤其要提放学站队、家长不入校门这一条，因为幼儿园接送都是家长到教室门口。最好后边连续几天表扬那些自己入校的，鼓励新生自己走入教室，逐步引导学生让家长接送离开校门一段距离，避免校门口交通堵塞。依据往年经验，开学第一天放学秩序最乱，只要一年级新生没走，校门口就是水泄不通，其他年级根本无法出去。

上课纪律还有一条特例：想上厕所举手告诉老师。千万不要忽视这一条。一年级的学生往往就有这样的，或者特别内向，或胆小，或怕别人笑话，不敢告诉老师，历年都有类似的小状况。

6. 小学每节课40分钟左右，需要学生集中注意力听老师讲课，这对刚从幼儿园毕业的学生来说有一定难度，学生可能不适应。课堂上应帮助学生逐步学会控制自己的注意力，可以通过中场（半节课的时候）听故事、做手工、画画、做游戏来帮助学生集中注意力，调动学习的兴趣。

7. 排查摸底，初选学生干部，明确班干部职责，树立班干部威信，便于协助班主任以后的工作。

8. 下午放学示范扫除方法：如何摆放桌椅、如何扫地拖地，老师要做到一天一示范，坚持两周，第一周教着干，第二周看着干，教会每天的值日生。

9. 作业量要少，初始尽量简单，少花样，以免学生记不住产生畏难情绪。

10. 和家长交流时，态度礼貌，语气温和，先表扬肯定学生的优点，再委婉客观地指出需要改正的地方，最好先倾听家长的观点、意见。

11. 初步树立"以乐于学习为荣"的观念，要让学生明白每个人都是要学习知识的，学习不是一件简单的事，要有吃苦的准备。但学习中也有很多乐趣，付出了努力就会成为一个受人尊敬的、博学的人。

12. 有条件的开学立即召开家长会，请家长协助完成新生入学的过渡工作，也使家长对学生在校的规章制度有所了解，便于开展日后的教学管理工作。

学生的心田是一块神奇的土地，播种了思想，便会有行为的收获；播种了行为，便会有习惯的收获；播种了习惯，便会有品德的收获；播种了品德，便会有命运的收获。也有人说，行为养成习惯，习惯造就性格，性格决定命运。良好的习惯对学生的人生太重要，一年级开学第一周可以定为"行为习惯养成周"，老师切莫因为多学一个拼音而忽视习惯的养成教育。相信养成良好的学习习惯肯定会让学生在学习方面受益匪浅。

例谈低年级"悦"读习惯的培养

有人说："领导者一定是阅读者。"每个人接受新知的方式不同，或看或听、或亲身体验，无论怎样，阅读都是获得知识最系统的方法，效果最为深远。

相对于阅读，我更喜欢“悦”读，要让学生不仅仅去读，更要读得高高兴兴，让阅读成为一种享受。

童话翩翩，敲打“悦”读门楣

著名儿童文学作家梅子涵说：“不要让孩子整天在课本里打转，只有快乐地阅读，阅读优秀的文学作品，才能快乐地成长。”童话故事就是最受学生喜欢的一种文学形式，它通过丰富的想象、幻想和夸张来塑造形象，反映生活，促进儿童的思想性格的成长。一般故事神奇曲折，内容和表现形式浅显生动，对自然物的描写常用拟人化手法，能适应儿童的接受能力。正如有人所说：“童话是儿童与大自然的对话，童话是儿童与自己的对话。”低年级阅读就可以从阅读童话激发阅读兴趣入手。

教师大声读给学生听。

第一阶段：选择故事情节简单、语言活泼的故事，毫无保留地大声读给学生听。学生刚从幼儿园进入小学，都保持着喜欢听故事的习惯，教师生动婉转的讲述可以吸引学生进入故事的意境，受到读的熏陶。如绘图本《爱心树》和《爷爷一定有办法》，可以一边让学生看图，一边声情并茂地讲述，让他们领会到，即使自己认字不多，可以看拼音，也可以看图画自己猜想，想了解更多的故事就自己去看。

第二阶段：设置悬念，大胆猜测。诵读到精彩处一定要停住，让学生猜一猜下面会怎样，激发学生的质疑能力，然后再读出后面的情节让学生自己验证。如在讲《第十二枝枯叶蝶》中的《狮子卡卡》时，卡卡渴望交到朋友，而小动物们都害怕它，它让魔法师两次把自己变成小猫、小鹿，却都在得意之时现出原形。读到第三次找魔法师时，我没有先讲，而是让学生猜一猜，这次魔法师会变什么。此时的猜测无异于一石激起千层浪，什么奇妙的幻想都有。

第三阶段：读到妙处戛然而止。这时已经吊足了学生的阅读胃口，就等着揭开谜底，期待着某种体验，教师可以告诉他们：“下课自己去看！”上次读“晴天下猪”系列丛书中《油炸铅笔》这个故事，读到下课时间，却还没有出现结局，学生们大呼不过瘾，下课纷纷追着我问“这本书从哪儿买的”。不几天，“晴天下猪”这个系列全套7本班内就买全了，我也有幸跟随他们读到了全本，正可谓师生共读，其乐陶陶。

自主阅读，敞开“悦”读之门

在激发学生的阅读兴趣后，一定要督促每个学生把读落到实处。

拼音教学结束，我每天拿出10分钟让学生静心阅读，不管阅读的是什么书，只要神情专注，都奖励一朵小红花，受奖励的学生往往兴高采烈。记得第一次给学生提出读自己最喜爱的书的时候，95%的学生都很茫然的样子，三五个翻阅语文书的，七八个看自读课本的，绝大多数在走迷宫、看插画。榜样的作用不可低估。当识字多的学生读完了《小猪唏哩呼噜》后，我大力表扬了他们。不几天，再让读书的时候，课堂上出现了《猜猜我有多爱你》《绿野仙踪》《365夜故事》《水孩子》《小布头奇遇记》等整本的书，翻看图画书、迷宫书的便少了很多。

汉语拼音教学束后，有的学生表示：“看10分钟的时间太少了！”“悦”读，正在向我们靠近。

我们实行读完一本书在读书量化专栏上贴1颗星，星星多的学生可评选“书香少年”“书香家庭”；倡导每天读书半小时，由家长签条换得1颗小苹果标志，10颗小苹果换1颗班级量化星，以达到营造亲子共读的氛围。

二年级开始，我每天安排两个学生利用课前五分钟为大家讲故事，上午一个，下午一个。我一般提前一周排日程，他们就有一周的练习时间。故事内容从班级推荐书目中选，读得好奖励一朵小红花。

其实，让每一个学生都得到锻炼，这是我的初衷；督促每一个学生将读书落到实处，以趣味吸引更多的学生自发地读是我的目的。

试想，语文课本上总共也不过二十几篇课文，那么短小，课堂上教师反反复复讲几遍，再让学生反复读，学生则如同吃嚼过的甘蔗，怎会感觉到甜味呢？而课外书就不同了，每一篇文章对他们来说都是新鲜的，都是第一次见到。即便学生最初对书没有兴趣，督促措施做到了，就只得一字一字去读、去拼、去认。在这读读、拼拼、认认的过程中，常用字如老朋友般反复出现，每天见几次也就记住了。如果读到了自己喜欢的内容，“悦”读之门便打开了。

“享受阅读是一种幸福的能力。因为阅读，我们走进自然，走进伟大的心灵，走进自我。然后我们拥有内在的耳朵、内在的眼睛，见人所不能见，听人所不能听，然后拥有幸福清明的人生。”只有“悦”读，才能享受阅读。小学阶段正是养成良好读书习惯的好时机。“花开堪折直须折，莫待无花空折枝。”